中国高标准
国际经贸规则适用研究

王威 / 著

中国书籍出版社
China Book Press

图书在版编目(CIP)数据

中国高标准国际经贸规则适用研究 / 王威著. -- 北京 : 中国书籍出版社, 2023.9
ISBN 978-7-5068-9601-6

Ⅰ. ①中… Ⅱ. ①王… Ⅲ. ①进出口贸易商用规则—研究 Ⅳ. ①F746

中国国家版本馆CIP数据核字(2023)第185845号

中国高标准国际经贸规则适用研究
王威 著

责任编辑	毕 磊
责任印制	孙马飞 马 芝
封面设计	东方美迪
出版发行	中国书籍出版社
地 址	北京市丰台区三路居路 97 号(邮编：100073)
电 话	(010) 52257143 (总编室) (010) 52257140 (发行部)
电子邮箱	eo@chinabp.com.cn
经 销	全国新华书店
印 刷	北京九州迅驰传媒文化有限公司
开 本	787毫米×1092毫米 1/16
字 数	156千字
印 张	11.25
版 次	2023 年 9 月第 1 版
印 次	2023 年 9 月第 1 次印刷
书 号	ISBN 978-7-5068-9601-6
定 价	49.00 元

版权所有 翻印必究

前　言

当前，世界各国都非常重视通过建立和发展自由贸易区来为自己国家的经济发展服务，而自由贸易区的产生和发展也有着深刻的原因和独特的作用。全球范围内自由贸易区的数量不断增加，涵盖议题快速拓展，自由化水平显著提高。于我国而言，自贸区具有促进中国经济发展的重要作用，属于国家实施对接国际经济贸易发展的区域，在这个区域内，施行的措施不同于国内的经济贸易规则，将中国自贸区的发展和高标准国际经贸规则的适用结合起来研究，切合中国实际发展需要，具有非常重要的实际意义。

一、研究背景

（一）高标准国际经贸规则渐成趋势

经济全球化推动生产要素在全球范围内自由流动，全球价值链的发展与成熟促进全球生产服务网络日益完善。全球价值链的分工极大提高了新兴经济体的生产力水平，经济的快速发展改变了以美日欧三大区域经济集团为中心的局面，世界经济格局逐渐变得多元化。新兴经济体的快速发展，其国际话语权逐渐增加，在国际谈判中要求改革原有以发达国家为主的贸易规则的呼声逐渐增强，新的国际贸易规则亟待制定。

但现有国际经贸规则已无法适应以全球价值链为代表的新型贸易模式要求。现行多边贸易体系由于谈判体制的弊端，谈判难度较大，无法达成一致协议。现行多边规则的深度与广度已无法满足当今各国产业发展和更紧密经贸联系的需要，在一定程度上落后于国际经贸格局的新变化和相关国家利益的诉求。

（二）大国间的利益博弈

在此情况下，发达国家将经贸规则的谈判重心从多边主义转向区域主义，为世界贸易自由化寻找新的发展动力，并在制定更高标准的贸易自由化规则方面达成共识，由此跨太平洋伙伴关系协定（TPP)、TTIP 和 TISA 的谈判拉开帷幕，"高标准"经贸规则"应运而生"。以 RCEP、CPTPP 为代表的新一代高标准国际经贸规则已远远超过传统贸易投资规则的范围，将与贸易有关的环境、劳工标准、数据自由流动、技术标准、国有企业规制、监管一致性、反腐败与透明度等边境后规则纳入其中，体现出国际规制向国内领域甚至价值观领域延伸的趋势。发达经济体主导着国际经贸规则向高标准的贸易投资自由化便利化方向演进，并谋求把区域规则推广到多边层面。同时，高标准国际经贸规则满足全球价值链深化的需要，符合数字经济发展的要求，被越来越多的国家所接受，高标准国际经贸规则渐成趋势。高标准经贸规则的推行，势必对发展中国家下一步的经济走向、战略定位及其在全球经济格局中的地位有重大影响。

本研究通过探讨 RCEP 及 CAFTA 协定等国际经贸规则的构建及内容，结合分析目前自贸区实际情况，为高标准国际经贸规则适用于中国自贸区的建设提出有效对策，并为申请加入 CPTPP 提供研究基础。

二、本书的框架结构

当今世界正面临"百年未有之大变局"，全球经贸格局面临重塑，多边贸易体系"瘫痪"，区域贸易体系盛行，新一轮高标准国际经贸规则的重构逐渐成为主流趋势。中国经济进入高质量发展、新旧动能转换、构建高水平开放型经济体的新时期，亟需方向性的指导与建议。研究中国对标高标准国际经贸规则的路径，对中国积极参与国际谈判，深化对内改革，实现经济高质量发展，申请加入 CPTPP 均具有重要的理论意义和现实意义。本书将从国际经贸规则在中国的时间情况，中国自贸区适用的机遇与掣肘和中国如何适用高标准国际经贸三个层次展开研究。

除前言及结语外，本书共分为六章，各章分别阐述中国自贸区的概况、RCEP 及 CAFTA 协定的国际经贸规则构建、高标准国际经贸规则在中国的实践、中国自贸区适用高标准国际经贸规则的机遇与掣肘、中国对接高标准国际经贸规则的路径保障和法治保障、中国对接高标准国际经贸规则的具体内容。

本书前三章阐述国际经贸规则在中国的实践情况。"中国自贸区的概况"一章包括六节，首先，总体概述中国自贸区的发展情况。其次，从华北片区、华东片区、华南片区、华中片区、华西片区五个角度分别阐述自贸区的发展现状。"RCEP 及 CAFTA 协定的国际经贸规则构建"一章包括两节，分别介绍 RCEP、CAFTA 协定的发展历程和协定内容等内容。"高标准国际经贸规则在中国的实践"一章包括五节，介绍中国与其他国家和国际组织之间的经贸规则的实践情况，分析中国面临的机遇和挑战。

RCEP 及 CAFTA 协定的签署为多边关系发展与合作渠道拓展提供了全新战略机遇与挑战。"中国自贸区适用高标准国际经贸规则的机遇与掣肘"一章将详述 RCEP、CAFTA 协定等国际经贸规则对中国的机遇和挑战。

在明晰国际经贸规则发展现状，中国面临的机遇和挑战后，本书的第五章——"中国对接高标准国际经贸规则的路径保障和法治保障"和第六章——"中国对接高标准国际经贸规则的具体内容"将思考如何将国际经贸规则适用于中国自贸区的建设，并在路径保障、法治保障，规则内容的对接等方面提出对策建议。

目 录

前　言 …………………………………………………………… 1

第一章　中国自贸区的概况 …………………………………… 1
　　第一节　整体概况 ………………………………………… 1
　　第二节　华北片区 ………………………………………… 4
　　第三节　华东片区 ………………………………………… 8
　　第四节　华南片区 ………………………………………… 12
　　第五节　华中片区 ………………………………………… 14
　　第六节　华西片区 ………………………………………… 16

第二章　RCEP 及 CAFTA 协定的国际经贸规则构建 ………… 19
　　第一节　RCEP 的国际经贸新规则 ……………………… 19
　　　　一、RCEP 的发展历程 ………………………………… 19
　　　　二、RCEP 国际经贸新规则的意义 …………………… 23
　　　　三、RCEP 国际经贸新规则的主要内容 ……………… 26
　　第二节　CAFTA 协定的国际经贸规则 …………………… 29
　　　　一、CAFTA 的发展进程 ……………………………… 29
　　　　二、中国与东盟全面经济合作框架协议 ……………… 30
　　　　三、中国—东盟全面经济合作框架协议货物贸易协议 …… 32

第三章　高标准国际经贸规则在中国的实践 ………………………… 34
第一节　高标准国际经贸规则在中国的实践 …………………………… 34
一、中国和东盟 10 国之间的国际经贸规则 ………………………… 34
二、中国与韩国之间的国际经贸规则 ………………………………… 35
三、中国与澳大利亚之间的国际经贸规则 …………………………… 35
四、中国与新西兰之间的国际经贸规则 ……………………………… 36
第二节　比较"10+4"对 RCEP 国际经贸新规则的实践 ……………… 37
一、东盟对 RCEP 国际经贸新规则的实践 …………………………… 37
二、日本对 RCEP 国际经贸新规则的实践 …………………………… 45
三、韩国对 RCEP 国际经贸新规则的实践 …………………………… 47
四、澳大利亚和新西兰对 RCEP 国际经贸新规则的实践 …………… 49
第三节　RCEP 国际经贸新规则对中国的机遇和挑战 ………………… 51
一、RCEP 国际经贸新规则给中国发展带来的机遇 ………………… 51
二、RCEP 国际经贸新规则给中国带来的挑战 ……………………… 56
第四节　RCEP 国际经贸新规则对中国发展的趋势研判 ……………… 59
一、中国加入 RCEP 对国际经贸新规则构建的话语权考量 ………… 59
二、RCEP 国际经贸新规则对标分析 ………………………………… 62
第五节　中国如何应对 RCEP 国际经贸新规则 ………………………… 64
一、以"和平共处"五项原则为基础，加强 RCEP 成员国政治互信
………………………………………………………………………… 64
二、高度关注 RCEP 运行状况，进一步积极磋商，不断完善 RCEP
规则 …………………………………………………………………… 64
三、积极运用 RCEP 规则，挖掘海外市场，加强产业合作，打造
RCEP 成员国产业链 ………………………………………………… 65
四、通过 RCEP 规则建构，为加入 CPTPP 积累经验 ……………… 65

第四章 中国自贸区适用高标准国际经贸规则的机遇与掣肘 67
第一节 对接 RCEP 等国际经贸规则的机遇 67
一、发展机遇 68
二、具体规则带来的机遇 68

第二节 中国对接 RCEP 等国际经贸新规则的挑战 72
一、RCEP 高门槛带来中国企业走出去困境 72
二、其他成员国更有利的贸易政策导致贸易竞争加剧 73
三、各国规则的多样性导致法规政策整合对接难度大 73
四、部分自身产业链比较单一和薄弱，难以很快适应高质量的 RCEP 等国际经贸新规则 73

第三节 中国对接 RCEP 等国际经贸新规则的现状 74
一、中国对接 RCEP 等国际经贸新规则的现状 74
二、中国对接其他自贸协定的现状 75

第五章 中国对接高标准国际经贸规则的路径保障和法治保障 79
第一节 路径保障 79
一、按协议规则进行顶层设计 79
二、深化投资贸易管理制度改革，不断优化营商环境 80
三、进一步推进内外贸一体化，建立跨境贸易产业链 81
四、进一步推动金融门户开放，促进金融合作便利化 82
五、进一步完善跨境物流体系，畅通西部陆海新通道 83
六、加强专业人才培养 84

第二节 法治保障 85
一、进一步优化国内纠纷解决机制 85
二、建立多元化纠纷解决机制 88
三、构建"一站式"商事法律解决平台 89
四、开展法律合作和咨询服务 90

第六章　中国对接高标准国际经贸规则的具体内容 …… 92
第一节　全面对接 RCEP 的具体规则 …… 92
一、货物贸易规则 …… 92
二、投资贸易规则 …… 96
三、知识产权保护 …… 98
四、服务贸易规则 …… 102
五、电子商务规则 …… 107
六、自然人临时移动 …… 109
第二节　政府主导下开展对 RCEP 的具体规则的研究与实践 …… 111
第三节　构建及完善国际合作业态 …… 112
一、华南地区进一步发挥桥头堡作用，深化与东盟的合作 …… 112
二、借助 RCEP，积极开展和日本、韩国、澳大利亚及新西兰合作 …… 115
三、借助 RCEP 的发展作用，尝试与 RCEP 成员国外的其他国家开展合作 …… 117
第四节　促进制造业和服务业提质增效 …… 118
一、完善产业链建设，打造产业化体系，推动出口贸易，增强核心竞争力 …… 118
二、打造社会服务链，形成物流、金融、旅游、社会保障等一系列对外服务的升级改造 …… 122
第五节　改善营商环境 …… 125
一、招商引资，加强各项配套措施的落地 …… 125
二、注重税收优惠，提高纳税服务水平 …… 125
三、提升知识产权保护国际化水平 …… 127
四、积极推进地方配套措施 …… 128
第六节　扶持和加强专业人才培养体系 …… 129
一、国际经贸规则专业建设 …… 129

二、专业培训 ………………………………………… 129
　　三、知识宣传和普及等 ………………………………… 131
　第七节　创新国际争端解决机制 …………………………… 132
　　一、构建 10+5 商事、海商事争端解决机制 ………… 132
　　二、地方营商环境法治化国际化 ……………………… 133

结　语 …………………………………………………………… 137
附件一　区域全面经济伙伴关系协定 ………………………… 139
附件二　中华人民共和国与东南亚国家联盟全面经济合作框架协议（中文译文）………………………………………………… 146
附件三　全面与进步跨太平洋伙伴关系协定（节选）………… 157
参考文献 ………………………………………………………… 162

第一章 中国自贸区的概况

第一节 整体概况

中国自由贸易区是指在国境内关外设立的，以优惠税收和海关特殊监管政策为主要手段，以贸易自由化便利化为主要目的的多功能经济性特区。目前中国已批准设立的自由贸易区包括：中国（上海）自由贸易试验区、中国（广东）自由贸易试验区、中国（天津）自由贸易试验区、中国（福建）自由贸易试验区、中国（辽宁）自由贸易试验区、中国（浙江）自由贸易试验区、中国（河南）自由贸易试验区、中国（湖北）自由贸易试验区、中国（重庆）自由贸易试验区、中国（四川）自由贸易试验区、中国（陕西）自由贸易试验区、中国（海南）自由贸易试验区、中国（山东）自由贸易试验区、中国（江苏）自由贸易试验区、中国（广西）自由贸易试验区、中国（河北）自由贸易试验区、中国（云南）自由贸易试验区、中国（黑龙江）自由贸易试验区、中国（湖南）自由贸易试验区、中国（安徽）自由贸易试验区、中国（北京）自由贸易试验区等共计 21 个自贸区。

自贸区是国家对外开放的重要窗口，也是国家经济建设的重要组成部分。我国地域广袤，南北与东西两个区域的气候有很大的差别，由于地理位置的不同，导致了我国不同区域间的经济、文化有较大的差别，时间一长，就会产生产业集聚，进而形成地理增长极。在增长极的形成过程中，一定会让各个区域的经济发展侧重点不同，在制度体系和管理方式上也会存在一定的差别，各个区域的重点产业可以根据自身情况进行调整，最终产生出一个真正的、具有经济意义的增长极。自贸区的发展在地理上、经济上、文化上都不一样：西北地区幅员辽阔，土地丰富；但缺少沿海地区，缺少人才，缺少先进的技术；而东南地区则具有先进的技术，高端的人才，先进的管理方式，先进的管理方式，但缺少土地等生产资源。因此，从整体来看，我国自贸区的设定主要可以划分为华北、华南、华东、华西以及华中五大自贸圈，根据自身地理位置和产业结构的特色，因地制宜地进行发展。

首先，自 2013 年上海自贸试验区成立以来，我国现已分 6 批设立 21 个自贸试验区，共规划 67 个片区，逐步实现沿海省市、长三角、京津冀全覆盖，从沿海到内地、从东部到中西部、从发达省市区到沿边欠发达地区不断深入的"雁阵式"布局。自贸试验区立足重点领域，以制度创新为核心、差异化探索为关键，强调可复制可推广，逐步实现由"均衡布局"到"全面铺开"、由"平稳推进"到"适时提速"的分步骤、分阶段建设，形成"1+3+7+1+6+3"和"双自贸驱动"的整体格局。在其渐进式改革过程中，始终将"顶层设计"和"基层创新"相结合，不断用开放红利激发改革红利、制度创新推进政策创新，是中国特色社会主义制度优越性的最佳展现窗口之一。①

---

① 刘益星，李清．双循环经济下中国（河北）自贸试验区发展策略研究 [J]．对外经贸实务，2022（06）：74-79．

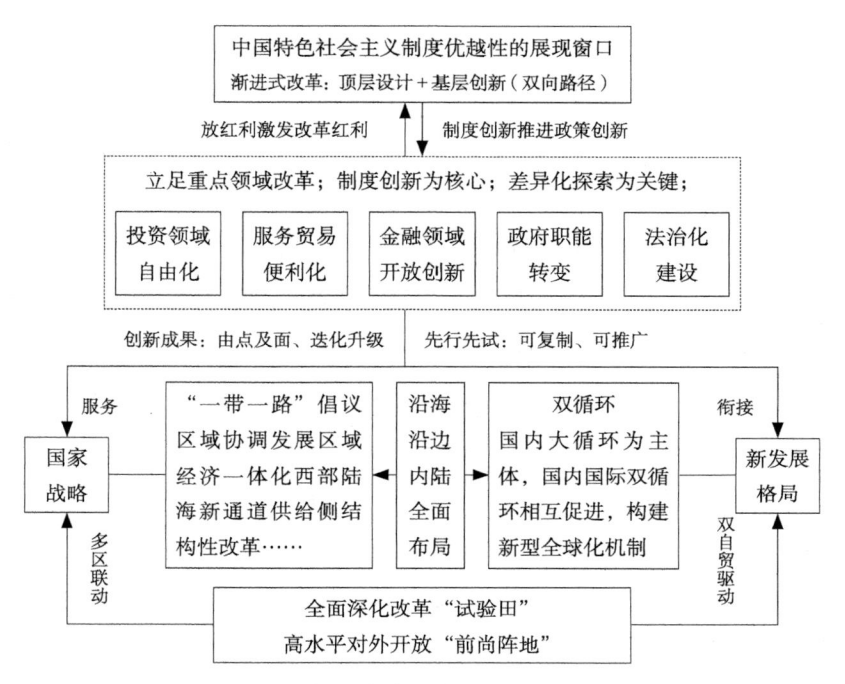

```
                  中国特色社会主义制度优越性的展现窗口
                  渐进式改革：顶层设计＋基层创新（双向路径）
              放红利激发改革红利  ↕  制度创新推进政策创新
         ┌─────────────────────────────────────────────┐
         │ 立足重点领域改革；制度创新为核心；差异化探索为关键； │
         │ ┌──────┐┌──────┐┌──────┐┌──────┐┌──────┐ │
         │ │投资领域││服务贸易││金融领域││政府职能││法治化 │ │
         │ │自由化 ││便利化 ││开放创新││转变   ││建设   │ │
         │ └──────┘└──────┘└──────┘└──────┘└──────┘ │
         └─────────────────────────────────────────────┘
          创新成果：由点及面、迭代升级  先行先试：可复制、可推广
  ┌────┐       ┌────────┐┌────┐┌────────┐      ┌────┐
  │    │ 服务  │"一带一路"││沿海 ││双循环   │ 衔接 │    │
  │国家│──────│倡议     ││沿边 ││国内大循环│─────│新发展│
  │战略│       │区域协调发展││内陆 ││为主体，国内│      │格局 │
  │    │ 多   │区域经济一体化││全面 ││国际双循环│ 双   │    │
  │    │ 区   │西部陆海新通道││布局 ││相互促进，│ 自   │    │
  │    │ 联   │供给侧结构性改革││    ││构建新型全│ 贸   │    │
  │    │ 动   │……       ││    ││球化机制  │ 驱动 │    │
  └────┘       └────────┘└────┘└────────┘      └────┘
                  ┌─────────────────────────┐
                  │ 全面深化改革"试验田"         │
                  │ 高水平对外开放"前尚阵地"     │
                  └─────────────────────────┘
```

图 1　自贸试验区创新特色体系图

其次，我国自贸区发展模式具体如下。

（1）境内开放模式或是边境开放模式。这两种模式下的自贸区都会使得该区域商品价格下降，从而促进该区域内需以刺激经济发展，提高社会福利水平，以往研究表明境内开放模式下对经济增长的贡献率比边境开放模式下的贡献率更为显著。

（2）贸易畅通模式。我国与多个国家都签署了了贸易协定，并且大多数协定在边境开放上都制定了较高的标准。从短期角度看，"中国—澳大利亚"贸易模式在自贸区降税政策中幅度最大，而从长期角度看，中国与各国之间的贸易协定最终都会消除大部分的关税。在我国境内对外开放程度方面，"中国—韩国"贸易模式是目前贸易模式水平最高的中国自贸区贸易模式，其贸易模式签署的协定内容十分详细且全面，包括知识产权保护、减税政策、金融监管、出口贸易规则以及竞争政策等，且两国就这些条款均达成一致意见，并且通过"负面清单"的谈判模式，从而使双方国家的贸易水平均达到了较高水平。概而言之，中国目前的自贸区合作模式中"中国—韩国"贸易合作模式是成效最为显著的贸易模式，也是推动我国经济发展的最优发展模式。

（3）"一带一路"下的自贸区贸易模式。我国实行一带一路政策以来，对于其涉及的自贸区所起到的宏观经济带动效应十分明显。凡是在一带一路沿线区域的自贸区，其地区生产总值以及社会福利水平均处于较高水平，且处于显著上升趋势，可见一带一路发展模式与自贸区发展具有利益相关性。在"中国—韩国"贸易模式发展态势良好的情况下，一带一路的建设将会促进两国之间沿线区域的贸易、产出提升，刺激内需，从而提升各区域福利水平，在多个一带一路贸易模式下的国家中，东盟国家内生产总值提升幅度最大为 5.25%，中国社会福利增长的绝对值最大为 2448 亿美元，并且一带一路贸易模式还将带动区域之间贸易运输业的产出增加，也会提升其所涉及区域的房地产业以及公共服务业的产出水平。[①]

最后，中国的自贸区在三个层面上进行了改革开放：一是从经济领域来看，是在上海建立了自由贸易园区，并且在全国其他地方也设立了自由贸易园区；二是从开放领域来看，从过去的贸易领域扩展到了投资领域，甚至扩展到了金融领域；三是从管理体制来看，也进行了一系列的改革。

第二节　华北片区

总体来看，由天津、辽宁、河北、黑龙江、北京五个省市组成的华北自贸圈主要围绕着"京津冀"和"对俄罗斯及东北亚区域合作的中心枢纽"两大要点进行发展。

[①] 张华强. 中国自贸区发展水平比较研究 [D]. 辽宁大学，2022.

表 1 华北地区各自贸区成立时间及功能定位

名称	成立时间	定位
中国（天津）自由贸易试验区	2015年4月20日	当好改革开放排头兵、创新发展先行者，以制度创新为核心，贯彻京津冀协同发展等国家战略，在构建开放型经济新体制、探索区域经济合作新模式、建设法治化营商环境等方面，率先挖掘改革潜力，破解改革难题。要积极探索外商投资准入前国民待遇加负面清单管理模式，深化行政管理体制改革，提升事中事后监管能力和水平。
中国（辽宁）自由贸易试验区	2017年3月31日	切实转变政府职能，深化行政管理体制改革，打造更加公平便利的营商环境；深化投资领域改革，提升利用外资水平，构筑对外投资服务促进体系；推进贸易转型升级，实施贸易便利化措施，完善国际贸易服务体系；深化金融领域开放创新，推动跨境人民币业务创新发展，深化外汇管理体制改革，增强金融服务功能，建立健全金融风险防控体系。
中国（河北）自由贸易试验区	2019年8月2日	以制度创新为核心，以可复制可推广为基本要求，全面落实中央关于京津冀协同发展战略和高标准高质量建设雄安新区要求，积极承接北京非首都功能疏解和京津科技成果转化，着力建设国际商贸物流重要枢纽、新型工业化基地、全球创新高地和开放发展先行区。经过三至五年改革探索，对标国际先进规则，形成更多有国际竞争力的制度创新成果，推动经济发展质量变革、效率变革、动力变革，努力建成贸易投资自由便利、高端高新产业集聚、金融服务开放创新、政府治理包容审慎、区域发展高度协同的高标准高质量自由贸易园区。

续表

名称	成立时间	定位
中国（黑龙江）自由贸易试验区	2019年8月2日	以制度创新为核心，以可复制可推广为基本要求，全面落实中央关于推动东北全面振兴全方位振兴、建成向北开放重要窗口的要求，着力深化产业结构调整，打造对俄罗斯及东北亚区域合作的中心枢纽。经过三至五年改革探索，对标国际先进规则，形成更多有国际竞争力的制度创新成果，推动经济发展质量变革、效率变革、动力变革，努力建成营商环境优良、贸易投资便利、高端产业集聚、服务体系完善、监管安全高效的高标准高质量自由贸易园区。
中国（北京）自由贸易试验区	2020年9月21日	以制度创新为核心，以可复制可推广为基本要求，全面落实中央关于深入实施创新驱动发展、推动京津冀协同发展战略等要求，助力建设具有全球影响力的科技创新中心，加快打造服务业扩大开放先行区、数字经济试验区，着力构建京津冀协同发展的高水平对外开放平台。

以北京自贸区为例，2020年9月28日，中国（北京）自由贸易试验区正式挂牌，总面积119.68平方公里，具体包括三个片区，分别为高端产业、科技创新及国际商务服务片区。其中，朝阳、顺义、通州属于国际商务服务片区，面积为48.34平方公里，覆盖城市副中心运河商务区、北京CBD、首都国际机场周边可利用产业空间、张家湾设计小镇周边可利用产业空间和金盏国际合作服务区，以文化贸易、医疗健康、跨境金融、数字贸易、商务会展、国际寄递物流等产业发展为主。海淀、昌平属于科技创新片区，面积为31.85平方公里，包括北京生命科学园周边可利用产业空间和中关村科学城，以生物与健康、新一代信息技术和科技服务等为主。大兴属于高端产业片区，面积为39.49平方公里，包括北京经济技术开发

区和大兴国际机场西侧可利用产业空间，以国际金融、大健康、商务服务、生物技术和文化创意等产业发展为主。北京自贸区设立一年多以来，一批行业领军企业、头部企业落户北京，累计入库项目1100多个，外资占比达到20%；2021年1—2月，北京新设外资企业224家，同比增长25.1%，合同外资66.1亿美元，同比增长1.5倍，实际利用外资27亿美元。2021年1—8月，北京自由贸易试验区内规模以上工业和服务业企业收入两年平均增长13.4%，高于全市规模以上工业和服务业企业收入增速4.7个百分点。北京自贸区首个国际人才一站式服务中心正式启动，海淀区落地开放原子开源基金会，通州区打造国家级绿色交易所，顺义区成立全国首家外资全资控股持牌支付机构。①

2018年7月，天津自贸试验区正式揭牌运行，标志着我国北方地区首个自贸试验区正式启动。2018年天津自贸区总进出口总额达2198.1亿元，同比增长26.3%，占天津全市进出口总额的51.5%。天津自贸区内的天津港集团、天津港保税区管委会、滨海新区政府等行政管理部门与海关、检验检疫等监管部门之间建立了"多对一"合作模式，实现了信息共享、资源共享与行政审批的互联互通，在提高行政效率、降低行政成本、减少人为干扰等方面发挥了积极作用。

天津自由贸易试验区是国家京津冀协同发展战略部署的重要组成部分，发挥自身在实体经济、港口和国家战略等方面的优势，突出建设航运税收和航运金融，以此服务和带动环渤海经济。同时，依托于东疆港强大的政策和航运优势，天津港将打造成亚欧大陆桥东部起点、中蒙俄经济走廊主要节点和海上合作战略节点。

此外，河北自贸区的建设也在有序推进。2017年12月，河北自贸试验区挂牌运行；2018年1月，《河北自贸试验区总体方案》印发实施；

---

① 郑青亭.北京自贸区如何对接"一带一路"倡议？"健康"与"绿色"成关键词[N].21世纪经济报道，2022-04-18（009）.

2018年4月，河北自贸试验区挂牌运行。经过近一年的建设发展，河北自贸试验区已经基本形成了以"两区两园"为主要载体的产业布局，即以京津冀协同发展为战略依托，以现代服务业为特色的京津冀自由贸易园区；以经济开发区为重要载体，以高新技术产业园区为重要载体的河北省自由贸易园区。目前河北自贸区内聚集了北京、天津两大直辖市及多个省内城市的数百家企业。截至2018年12月底，河北自贸区共设立各类企业注册名称核准事项933项，其中名称自主申报822项；共完成企业注册登记4920户；共发放各类营业执照20777本。

第三节 华东片区

由上海、福建、浙江、山东、安徽、江苏共六个省市组成的华东自贸圈利用自身省市的产业结构优势，组成一套强有力的搭档模式进行向东发展，从而形成了新兴的海上开放门户。在自贸圈内沿海地区都具有较强的区位优势和政策优势。如上海和浙江都地处长三角城市群中，是长三角经济区成员城市最多、发展水平最高、综合竞争力最强、最具发展活力的区域。江苏处在长江三角洲中心地带，地理位置优越。山东也是沿海省份之一，拥有丰富的港口资源和便捷发达的交通条件。

在华东自贸圈内部，上海的先进制造和浙江的先进制造也都具有较为突出的产业基础，而江苏的传统产业比较发达，在海洋经济方面具有一定的基础。华东自贸圈是一个以发展海洋经济为重点的自贸区，在发展过程中主要以制度创新为导向，以制度创新为核心来推进自贸区建设。华东自贸圈主要是以上海为中心，在自贸区内形成一个较为完善的海洋产业体系。其中上海是我国最大的经济中心城市，具有经济实力雄厚、综合服务能力强等特点。江苏经济发展水平位居全国前列，且拥有丰富的海洋资源，同时还有良好的交通条件和便利的区位优势。浙江经济实力相对较弱，但沿海城市较多,拥有丰富的港口资源和良好的自然条件。山东是我国海洋经济大省,具有发展海洋经济得天独厚的自然优势。

表2 华东地区各自贸区成立时间及功能定位

名称	成立时间	定位
中国(上海)自由贸易试验区	2013年9月27日	要探索建立投资准入前国民待遇和负面清单管理模式,深化行政审批制度改革,加快转变政府职能,全面提升事中、事后监管水平。要扩大服务业开放、推进金融领域开放创新,建设具有国际水准的投资贸易便利、监管高效便捷、法制环境规范的自由贸易试验区,使之成为推进改革和提高开放型经济水平的"试验田",形成可复制、可推广的经验,发挥示范带动、服务全国的积极作用,促进各地区共同发展。有关部门要大力支持,做好协调配合、指导评估等工作。
中国(福建)自由贸易试验区	2015年4月20日	当好改革开放排头兵、创新发展先行者,以制度创新为核心,贯彻"一带一路"建设等国家战略,在构建开放型经济新体制、探索闽台经济合作新模式、建设法治化营商环境等方面,率先挖掘改革潜力,破解改革难题。要积极探索外商投资准入前国民待遇加负面清单管理模式,深化行政管理体制改革,提升事中事后监管能力和水平。
中国(浙江)自由贸易试验区	2017年3月31日	以制度创新为核心,以可复制可推广为基本要求,将自贸试验区建设成为东部地区重要海上开放门户示范区、国际大宗商品贸易自由化先导区和具有国际影响力的资源配置基地。

续表

名称	成立时间	定位
中国（山东）自由贸易试验区	2019年8月2日	以制度创新为核心，以可复制可推广为基本要求，全面落实中央关于增强经济社会发展创新力、转变经济发展方式、建设海洋强国的要求，加快推进新旧发展动能接续转换、发展海洋经济，形成对外开放新高地。经过三至五年改革探索，对标国际先进规则，形成更多有国际竞争力的制度创新成果，推动经济发展质量变革、效率变革、动力变革，努力建成贸易投资便利、金融服务完善、监管安全高效、辐射带动作用突出的高标准高质量自由贸易园区。
中国（江苏）自由贸易试验区	2019年8月2日	以制度创新为核心，以可复制可推广为基本要求，全面落实中央关于深化产业结构调整、深入实施创新驱动发展战略的要求，推动全方位高水平对外开放，加快"一带一路"交汇点建设，着力打造开放型经济发展先行区、实体经济创新发展和产业转型升级示范区。经过三至五年改革探索，对标国际先进规则，形成更多有国际竞争力的制度创新成果，推动经济发展质量变革、效率变革、动力变革，努力建成贸易投资便利、高端产业集聚、金融服务完善、监管安全高效、辐射带动作用突出的高标准高质量自由贸易园区。
中国（安徽）自由贸易试验区	2020年9月21日	以制度创新为核心，以可复制可推广为基本要求，全面落实中央关于深入实施创新驱动发展、推动长三角区域一体化发展战略等要求，发挥在推进"一带一路"建设和长江经济带发展中的重要节点作用，推动科技创新和实体经济发展深度融合，加快推进科技创新策源地建设、先进制造业和战略性新兴产业集聚发展，形成内陆开放新高地。

其中，由于上海自身城市定位的特殊性，在自贸区发展过程中形成了特色的金融发展模式。上海自贸区自成立之日起，在金融领域的自由贸易账户、跨境投融资便利化、人民币资本项目一体化等重大领域率先开展试

点改革，加快对标国际标准，同时在外商投资负面清单、市场准入等方面实现了较大突破。2013年9月挂牌运行以来，上海自贸区先后实施了三版总体方案，并于2019年增设临港新片区，试验层次不断提高、试验领域逐渐拓展、试验力度持续加大。经过两度扩容后，上海自贸区现已形成涵盖海关特殊监管区、陆家嘴金融片区、张江高科技片区、临港新片区等主要功能区域，成为国际投资者的沃土。在上海自贸区金融改革和开放的支撑下，上海国际金融中心建设也实现了跨越式发展，在全球金融中心指数（GFCI）排名中从2015年9月的21位升至2022年3月的第4位，上海国际金融中心的国际地位及声誉不断增强。数据显示，截至2021年末，上海外资金融机构占比超过30%；在全球排名前20位的国际资管机构中，已有17家在上海设立主体，上海作为中国金融开放前沿的地位更加凸显。[1]此外，值得各其他自贸区借鉴的是，上海自贸区的金融改革和对外开放从一开始就聚焦实体经济，一方面加快国际金融资产交易平台建设，引进各类金融机构及投资类企业、资管机构，探索具有上海特色的科创金融体系，支持上海先进制造业、战略新兴产业、科技创新及港口贸易等实体经济发展；另一方面将国际国内两种资源引进到实体经济领域，在加快上海国际金融中心建设的同时，坚持金融与制造业发展、科技创新、贸易融通等紧密融合，发挥全球金融资产配置的效率和作用，并通过扩大金融开放支持本土企业"走出去"，发展壮大本土跨国企业。

  福建自由贸易试验区的主要内容包括两岸经济合作、海丝核心区、海洋经济等。为深化两岸经济合作，福建自由贸易试验区率先推进与台湾地区投资贸易自由，已确立创新实验项目88项、扩大开放实验项目98项，

---

[1] 邓宇.上海自贸区金融开放、改革成就与展望[J].金融博览，2022，（08）：9-11.

其中对台项目分别为 20 项和 62 项。[①]

第四节　华南片区

中国自贸区全面贯彻落实中央提出的打造西南、中南开放发展新战略支点，充分发挥广东、广西以及海南毗邻东盟国家以及背靠大湾区的海陆独特优势，努力构建西南、中南、西北出海口，面向东盟开展国际海陆贸易新通道，打造 21 世纪"海上丝绸之路"与"丝绸之路经济带"有机对接的主要通道。为加快构建"一带一路"沿线开放型经济新高地提供有力支撑。

表 3　华南地区各自贸区成立时间及功能定位

名称	成立时间	定位
中国（广东）自由贸易试验区	2015 年 4 月 20 日	当好改革开放排头兵、创新发展先行者，以制度创新为核心，贯彻"一带一路"建设等国家战略，在构建开放型经济新体制、探索粤港澳经济合作新模式、建设法治化营商环境等方面，率先挖掘改革潜力，破解改革难题。要积极探索外商投资准入前国民待遇加负面清单管理模式，深化行政管理体制改革，提高行政管理效能，提升事中事后监管能力和水平。

[①] 孙海波. 西部内陆自贸区促进区域经济增长的效应研究 [D]. 西南财经大学，2022.

续表

名称	成立时间	定位
中国（海南）自由贸易试验区	2018年10月16日	要发挥海南岛全岛试点的整体优势，紧紧围绕建设全面深化改革开放试验区、国家生态文明试验区、国际旅游消费中心和国家重大战略服务保障区，实行更加积极主动的开放战略，加快构建开放型经济新体制，推动形成全面开放新格局，把海南打造成为我国面向太平洋和印度洋的重要对外开放门户。
中国（广西）自由贸易试验区	2019年8月2日	以制度创新为核心，以可复制可推广为基本要求，全面落实中央关于打造西南中南地区开放发展新的战略支点的要求，发挥广西与东盟国家陆海相邻的独特优势，着力建设西南中南西北出海口、面向东盟的国际陆海贸易新通道，形成21世纪海上丝绸之路和丝绸之路经济带有机衔接的重要门户。经过三至五年改革探索，对标国际先进规则，形成更多有国际竞争力的制度创新成果，推动经济发展质量变革、效率变革、动力变革，努力建成贸易投资便利、金融服务完善、监管安全高效、辐射带动作用突出、引领中国—东盟开放合作的高标准高质量自由贸易园区。

以广西自贸区为例，为落实《国务院关于印发6个新设自由贸易试验区总体方案的通知》精神，加快中国（广西）自由贸易试验区高质量建设和高水平发展，广西壮族自治区人民政府于2020年编制印发《中国（广西）自贸区建设实施方案》。这一《方案》是在习近平中国特色社会主义思想指引下制定的，全面贯彻落实党的十九大精神和党的十九届二中、三中、四中全会精神，进一步落实党中央和国务院建设自由贸易试验区战略部署，坚持稳中求进工作总基调，统筹国内国外两个大局，积极稳妥推动构建开放型经济新格局；坚持深化改革扩大开放，不断增强改革开放内生动力；坚持依法从严治省治党，确保国家安全稳定；坚持生态文明理念。紧扣《中

国（广西）自由贸易试验区总体方案》确定的战略定位，在制度创新、政策创新的支持下，在产业发展的指引下把可复制、可推广作为根本要求，从推动形成更高层次对外开放新格局出发，提出了一系列具有较强针对性、可操作性的政策措施和举措建议。以法无禁止即可为、人无我有则敢先的劲头，强调中国—东盟在开放合作中走在前列，强调沿边特色、陆海联动、开放平台系统集成，以"半年有经验，一年有成效，二年上台阶，四年翻一番"为总目标，建设产业转型升级潜力最大、开放合作优势明显、创新创业充满活力、体制功能最为完善的特殊经济功能区，着力将广西自贸试验区建设成为面向东盟的国际投资和贸易先导区、金融开放和门户核心区、沿边开放和带动区、向海经济集聚区、现代服务业开放创新区和西部陆海新通道门户港。

此外，广东自由贸易试验区以探索粤港澳经济合作新模式，建成粤港澳深度合作示范区为发展目标，在内地与港澳深度合作推进基础上，促成粤港澳金融合作创新机制、粤港澳服务贸易自由化的落地，以及通过制度创新推动粤港澳交易规则的对接。广东自由贸易试验区的特殊政策包括：允许港澳服务提供者发展高端医疗服务、允许港澳服务者提供设立自费出国留学中介服务机构、探索离岛退税、研究境外高端层次人才认定办法等。

第五节 华中片区

华中地区作为整个中国交通、经济的核心枢纽，在自贸区的定位发展上亦与其地区定位发展相类似：主要承担了中部地区产业转移的有序承接，发挥在中部崛起战略和推进长江经济带建设中的示范作用从而贯彻南北，大大促进了整个中国自贸区的整体性发展。此外，华中自贸圈在也通过自身城市产业结构特点，形成了具有地方特色的自贸区发展模式。

以湖北自贸区为例，其于 2017 年 4 月挂牌成立，在加快政府职能转变、推动贸易转型升级、深化金融领域开放创新、促进中部地区和长江经济带产业转型升级等方面的制度创新与建设发展成效显著。湖北自贸区制度创新特色鲜明,从全要素、全链条、全周期维度推动改革,科技型企业梯度育成体系、货物贸易"一保多用"管理模式、自然人股权变更涉税事项"一事联办"等改革成效显著,围绕产业诉求、创新驱动、绿色低碳发展、开放引领方面的制度集成创新累计占比超过60%。以创新驱动产业发展。武汉片区大力发展以光电子信息、生物医药为代表的战略性新兴产业,光纤光缆市场占全球25%。襄阳片区已初步形成汽车及零部件、装备制造、电子信息等10个特色产业集群,正全力建设"中国新能源汽车之都"。宜昌片区形成新能源新材料、生物医药两大现代产业集群,在多个细分领域夺得"单项冠军"。

表4 华中各自贸区成立时间及功能定位

名称	成立时间	定位
中国(河南)自由贸易试验区	2017年3月31日	以制度创新为核心,以可复制可推广为基本要求,加快建设贯通南北、连接东西的现代立体交通体系和现代物流体系,将河南自贸区建设成为服务于"一带一路"建设的现代综合交通枢纽、全面改革开放试验田和内陆开放型经济示范区。
中国(湖北)自由贸易试验区	2017年3月31日	以制度创新为核心,以可复制可推广为基本要求,立足中部、辐射全国、走向世界,努力成为中部有序承接产业转移示范区、战略性新兴产业和高技术产业集聚区、全面改革开放试验田和内陆对外开放新高地。
中国(湖南)自由贸易试验区	2020年9月21日	以制度创新为核心,以可复制可推广为基本要求,全面落实中央关于加快建设制造强国、实施中部崛起战略等要求,发挥东部沿海地区和中西部地区过渡带、长江经济带和沿海开放经济带结合部的区位优势,着力打造世界级先进制造业集群、联通长江经济带和粤港澳大湾区的国际投资贸易走廊、中非经贸深度合作先行区和内陆开放新高地。

第六节　华西片区

　　由重庆、四川、陕西、云南四个省级区组成的自贸圈成为了我国向西拓展的陆上门户。各自贸区片区的选址具有省会城市分布与口岸城市分布相结合的特点，一方面，省会城市作为一个省经济社会发展水平最高的地区可以为自贸区建设提供良好的外部保障。另一方面，口岸城市作为地区与外交流的窗口，在此设立自贸区对于深化改革开放、提高对外开放水平起着事半功倍的效果。

　　在我国中西部自贸区也充分承担了许多国家的重大战略，肩负着促进内陆经济社会发展和对外开放的重任。总体而言，重庆、四川和陕西为西部大开发提供了有力的支持，成为西部门户城市发展和开放的先行者；重庆、湖北两个沿长江而建的自贸区，为长江经济带的发展提供了良好的服务。同时，陕西、重庆和河南也为"一带一路"的国家战略提供了有力的支持。西部各区域也倾向于以高科技为主导的特色工业。重庆以内河港口为依托，大力发展装备制造业、生物制药等产业；四川省以发展电子、信息、光电为主导产业；陕西省以其航空业而著称，而其通信、软件等行业也在不断发展壮大。

表 5　华西地区各自贸区成立时间及功能定位

名称	成立时间	定位
中国（重庆）自由贸易试验区	2017年3月31日	以制度创新为核心，以可复制可推广为基本要求，全面落实党中央、国务院关于发挥重庆战略支点和连接点重要作用、加大西部地区门户城市开放力度的要求，努力将自贸试验区建设成为"一带一路"和长江经济带互联互通重要枢纽、西部大开发战略重要支点。

续表

名称	成立时间	定位
中国（四川）自由贸易试验区	2017年3月31日	立足内陆、承东启西，服务全国、面向世界，将自贸试验区建设成为西部门户城市开发开放引领区、内陆开放战略支撑带先导区、国际开放通道枢纽区、内陆开放型经济新高地、内陆与沿海沿边沿江协同开放示范区。
中国（陕西）自由贸易试验区	2017年3月31日	以制度创新为核心，以可复制可推广为基本要求，全面落实党中央、国务院关于更好发挥"一带一路"建设对西部大开发带动作用、加大西部地区门户城市开放力度的要求，努力将自贸试验区建设成为全面改革开放试验田、内陆型改革开放新高地、"一带一路"经济合作和人文交流重要支点。
中国（云南）自由贸易试验区	2019年8月2日	以制度创新为核心，以可复制可推广为基本要求，全面落实中央关于加快沿边开放的要求，着力打造"一带一路"和长江经济带互联互通的重要通道，建设连接南亚东南亚大通道的重要节点，推动形成我国面向南亚东南亚辐射中心、开放前沿。经过三至五年改革探索，对标国际先进规则，形成更多有国际竞争力的制度创新成果，推动经济发展质量变革、效率变革、动力变革，努力建成贸易投资便利、交通物流通达、要素流动自由、金融服务创新完善、监管安全高效、生态环境质量一流、辐射带动作用突出的高标准高质量自由贸易园区。

除此之外，西部自贸试验区以减少限制性措施和坚持培育开放型经济主体的理念，激发了市场主体的活力。2020年重庆自贸试验区开放平台引领作用明显：全市四分之一的国际贸易企业坐落在自贸试验区内；全市七成的进出口贸易发生在区内；全市近五成的外商直接投资扎根于区内；国内外多家知名机床和科技企业纷纷落地区内。2020上半年，重庆自贸试验

区的进出口额超过了 2000 亿人民币，较 2019 年增长了 9.6%，较全市 6.1% 的增速更快。陕西自贸试验区货物进出口额占全省进出口额的 71%。四川自贸试验区的进出口额占全省贡献百分比是其面积占省百分比的 400 倍。

第二章 RCEP 及 CAFTA 协定的国际经贸规则构建

第一节 RCEP 的国际经贸新规则

一、RCEP 的发展历程

（一）RCEP 的产生背景

第一，WTO 停滞不前，全球贸易保护主义抬头。WTO 自 1995 年成立至今已经历了 26 个年头，在世界经济领域一直扮演着极其重要的角色。中国自 2001 年加入 WTO 后，遵循世贸组织基本规则，不断调整国内产业结构，进一步深入扩大改革开放，在经济全球化进程中发挥了积极的作用。但近年来，WTO 在国际经济领域影响力却在逐渐衰弱，一些国家开始出现逆全球化做法，甚至扬言要退出 WTO，深究起来，其内在原因之一是由于全球经济增速放缓，贸易保护主义抬头。以中美贸易摩擦为例，2017 年 8 月，时任美国总统特朗普宣布对"301 条款"进行审查，并于次年 3 月依据调查结果开始对中国实施单方增收关税的制裁，由此拉开中美贸易战序幕。与此同时，WTO 也因一些自身无法克服的制度上的缺陷，在世界贸易领域无法发挥应有的作用，导致国际间贸易关系陷入困局。美国通过一系列行动导致 WTO 争端解决机构的上诉机构陷入停摆，加之 WTO 原本自身的制度限制，其在国际经济领域发挥的作用受到极大限制，自身发展停滞不前。各成员国为摆脱困境开始寻求突破，在各国各地区间区域经济合作组织迎来了新一轮发展机遇。

第二，巩固和发展东盟在区域合作中的引领作用。东盟 10 国率先建议成立 RCEP，在 RCEP 的组建过程中，东盟起到了至关重要的引领作用。东盟全称为东盟自由贸易区（英文简称 AFTA），在 1992 年提出建立建议，2002 年正式成立。成员包括六个创始国和四个新成员国（六个创始国包括印尼、马来西亚、菲律宾、新加坡、泰国、文莱，四个新成员国包括越南、老挝、缅甸、柬埔寨）。东盟在关税、原产地规则、服务贸易等多方面实现了贸易自由化，在很大程度上促进了东南亚地区的经济交往及融合，也为维护地区安全和稳定提供了强有力的防御。东南亚地区各国间经济发展水平参差不齐，意识形态和文化方面都各有特色，但东盟的出现使得中南半岛和太平洋上的几个重要国家由一个松散的地域性联盟变成一个有组织有影响力的国际经济组织，其作用和成效正在逐渐凸显。

第三，改进东盟与中、日、韩等国已签署的自由贸易协定，改变规则不一、操作混乱的现状，以建成一个规则统一、操作高效的自贸区。在 RCEP 成立之前，中、日、韩、澳、新等国与东盟之间均形成了较为紧密的贸易伙伴关系。2002 年 11 月，中国与东盟 10 国领导人签署《中国与东盟全面经济合作框架协议》，并于 2010 年 1 月 1 日全面正式启动中国—东盟自由贸易区。2003 年 10 月 8 日日本与东盟 10 国正式签署《日本—东盟全面经济合作伙伴框架协议》，经过多轮谈判、磋商后于 2008 年 12 月 1 日正式生效。2005 年 12 月 13 日《韩国—东盟经济合作框架协议》签署，韩国—东盟自贸区在 2010 年 1 月 1 日建成。2009 年 2 月 27 日《澳新—东盟自由贸易协定》签署，并于 2010 年 1 月 1 日生效。这一系列自由贸易协定的签订及实施，表明东盟与东亚及太平洋地区的主要经济实体开启了深度合作。但由于区域间各国在自贸区建立的驱动因素、经济实力、发展趋势等方面都存在着较大的差异，因此由此产生的自贸协定在很多领域都出现了区别。以中、日、韩三方货物贸易中的保障措施为例，中国—东盟自贸区的保障措施使用期限为 5 年，而韩国—东盟自贸区的保障措施使用期限为 7 年，日本—东盟自贸区的贸易保障措施没有明确给出使用期限的限制。另外，三个自贸区中的原产地保护规则也不尽相同，其中，CAFTA

采用累进规则，即最终产品生产过程中使用的原材料和零部件可以在自贸区内累计，只要产品中源自自贸区的原材料价值超过总价值的 40%，并不要求所有原材料都来自某一国家，就可视为 CAFTA 的原创产品。[①] 严苛的原产地保护规则有所区别。

第四，应对《全面与进步跨太平洋战略经济关系协定》（简称 CPTPP）和中日韩计划建自贸区而带来的新变化。《跨太平洋战略经济关系协定》（简称 TPP）在 2005 年由新加坡首先提出，2008 年美国政府宣布加入后改为由美国主导[②]，目标是建立高水平的自由贸易和投资协定。鉴于 TPP 的高标准和参与谈判的成员国世界经济中都具有较大影响力，故该协定在筹建之初便被外界视为美国重构国际经贸规则的一次重要尝试。该协议于 2016 年 10 月落地。至 2017 年 1 月，美国总统特朗普上台，新一届美国政府随即宣布退出 TPP，这种突然的转变让 TPP 的前景更加曲折。最终，日本等国表示将继续推进 TPP 进程，将 TPP 更名为 CPTPP，意味着 CPTPP 是 TPP 的更高层次。中国是 2021 年 9 月 16 日正式申请加入 CPTPP，目前各方正在进一步谈判。

中日韩自贸区规划于 2002 年提出，2012 年正式启动谈判，但截至 2020 年 RCEP 签署以来，仍未能完成最后的签订，目前处于停滞状态。中日韩自贸区从筹备至今已经经历多轮谈判，但始终难以达成最终共识，原因是多重的。自贸区的建立，是在满足各方利益需要的前提下，通过消除各国贸易间壁垒、增加货物和服务贸易的流通等手段为目的。但中、日、韩三国在经济实力、产业结构等多方面都存在着较大差异，以工业产品市场开放为例，中国的工业生产能力近年来虽有较大幅度提高，但与日、韩相比存在着一定的差距，一旦完全开放工业产品市场，势必会给国内的工

---

① 中国—东盟自贸区 http://www.cafta.org.cn/ 最后访问日期：2021 年 7 月 23 日。

② 美国加入后，强力推动谈判进程，并大幅修改了原协议内容。

业产品制造业带来不小的冲击,但日、韩两国面对体量庞大的中国市场,自然是有不断开放的诉求,从这一方面来说,就很难将三国的自贸谈判拉回到同一起点。

(二)RCEP 的组建

第一,东盟 10 国与中国、日本、韩国、澳大利亚、新西兰等国家进行了谈判。2011 年东盟在《区域全面经济伙伴关系协定》(RCEP)谈判过程中先行先试,中国作为与东盟双边协议签署较早的国家积极应对,并联合日本、韩国、澳大利亚、新西兰、印度等国启动 RCEP 谈判。东盟等 16 个国家组成贸易谈判委员会,相继建立货物贸易、服务贸易、投资、经济技术合作、争端解决(法)、知识产权、竞争政策、电子商务、中小企业、政府采购、贸易救济 12 个工作组以及原产地规则、海关程序和贸易便利化、标准技术法规和合格评定程序、金融、电信 5 个子工作组。各成员针对削减关税或非关税壁垒等各自关心的问题展开了多轮的讨论。后来印度以重大的核心利益问题尚未解决为由退出了谈判进程。终于在 2019 年 11 月 4 日,15 国成员协商一致,在 RCEP 第三次领导人会议上发布联合声明,表明结束全部文本谈判及市场准入谈判,开始进入各国法律文本审核阶段,并最终于 2020 年完成 RCEP 协议的签署。

第二,中国加入 RCEP 的考量及原因。东南亚区域经济发展一直是中国在经济领域关注的重点,特别是在 2010 年中国—东盟自贸区成立以来,我国对东盟之间的投资贸易往来一直呈现上升趋势。根据我国商务部统计,2019 年,中国—东盟贸易额达 6414.6 亿美元,同比增长 9.2%。其中,中国向东盟出口 3594.2 亿美元,较上年增长 12.7%;从东盟进口 2820.4 亿美元,增长 5.0%。中国连续 11 年成为东盟第一大贸易伙伴,东盟上升为仅次于欧盟的中国第二大贸易伙伴。[①] 近年来,我国一直坚定不移实施对外

---

① 中国—东盟中心。http://www.asean-china-center.org/asean/dmzx/2020-03/4612.html 访问日期:2021 年 7 月 21 日。

开放战略，提出了以"一带一路"为重点的全面创新开放格局，RCEP 的签订为我国的进出口贸易提供了新的突破口，一方面进一步扩大和调整出口贸易的规模，另一方面也为国内市场消费群体提供了更多的选择。除此之外，我国在对外投资领域的一些固有优势产业将迎来一个更为显著的增长，在一些新兴的科技领域，我国的一些企业的表现值得期待。但从宏观产业结构上来说，我国相对弱势的服务贸易或农产品领域也将迎来较大挑战，RCEP 带来的贸易自由和便利其实也对我国产业结构的升级提出了新的要求，进一步加速推进产业的优化升级是加入 RCEP 后我国亟待解决的问题。

第三，RCEP 的签署。RCEP 的签署过程与东南亚地区经济发展趋势密切相关，起初在 20 世纪 90 年代，亚洲经济危机的爆发，打断了亚洲经济发展的迅猛势头，原本发展势头很好的韩国、日本等国一夜之间遭受重创，为应对危机共同渡过难关，东盟联合中日韩三国进行对话，正式开启"10+3"模式，这一模式在此后得到了继续深入地发展，逐渐扩展为"10+6"模式，为 RCEP 的建立提供了最基础的模板。RCEP 从启动至最终签订，进行了长达 8 年的磋商，其中正式的谈判就进行了 28 轮。各方针对货物贸易、服务贸易、知识产权、原产地规则等多个领域进行了磋商，因各方的需求差距较大，谈判一度进行得相当艰难。2020 年 11 月 15 号，在以视频形式举行的《区域全面经济伙伴关系协定》（以下简称《协定》）第四次领导人会议上，中国商务部部长钟山以中国政府代表身份正式签署了《协定》，标志着世界上规模最大的自由贸易区已经建立。

二、RCEP 国际经贸新规则的意义

第一，RCEP 所构建的国际经贸新规则的引领意义。

（1）有利于加速重启经济全球化的进程，重新树立经济全球化的信心。当下在部分国家贸易保护主义、经济民族主义和逆全球化思潮盛行，多边谈判机制步履维艰，再叠加新冠肺炎疫情的爆发。此多重原因进一步加剧

了经济全球化及国际经济合作的倒退。此时，RCEP 的签订不仅标志着全球最大自贸区的诞生，更意味着东亚区域国家对多边主义和推动经济全球化方面已达成共识，并极大地提升了人们对经济全球化以及区域经济合作的信心。

（2）RCEP 在规则谈判中兼顾统一性和包容性，以发展为引领（主要是最大限度兼顾各方差异化的发展诉求）的规则和以标准为主导（以国际高标准经贸规则为重点）的规则并行推进，为经济全球化的持续推进和国际经贸规则的谈判提供了新的解决方案。过去几十年，欧美发达国家是经济全球化的主要推动力。现在及未来，亚太等地区的新兴经济大国将在新型经济全球化中发挥举足轻重的作用，并为全球化理念注入更多新的含义。

第二，RCEP 所构建的国际经贸新规则的推广意义。

（1）推动"一带一路"与 RCEP 的良好衔接，在亚洲地区形成 RCEP 和"一带一路"双轮驱动的经济合作发展新格局。RCEP 的签署增强了 15 个成员国之间的政治互信，同时也凝聚了 15 个成员国之间的合作共识。充分发挥 RCEP 这一合作平台的重要作用，不断发挥其自身的制度性优势，不仅可以助力成员国之间的互利互赢、深度合作，还可以通过示范引领作用推动更多的国家和企业加入到"一带一路"的建设中来，进一步扩大"一带一路"的朋友圈和"一带一路"的成效及影响力。

（2）有利于降低中国加入 CPTPP 的阻力（中国加入 CPTPP 申请被 2023 年 7 月 CPTPP 会议继续搁置），通过参与高质量区域一体化组织，助推中国快速融入经济全球化体系，获取更大的开放红利。虽然相较于 TPP，CPTPP 的协定标准有所降低，但其依旧是高标准自由贸易协定的代表。长远来看，CPTPP 对全球贸易规则的改写、其贸易创造效应和投资带动的竞争优势等必然会给中国带来影响。中国尽早加入 CPTPP 也是顺应经济全球化发展趋势的必然。目前，CPTPP 中有 7 个成员国是 RCEP 的成员（日本、澳大利亚、新西兰、韩国、越南、新加坡、马来西亚、文莱）。通过对 RCEP 规则谈判、实施过程中的技术难题和政治分歧等的总结和梳理，以及借鉴 RCEP 开放发展的经验，可以加快推进中国加入 CPTPP 的研究和谈判工作步伐。

第三，RCEP 所构建的国际经贸新规则的重构意义。

（1）有利于破解全球投资规则"意大利面条碗"的困局。自从 WTO 多回合谈判陷入僵局以来，贸易保护主义日益抬头。此时，全球贸易碎片化的态势中的区域贸易自由化显得尤为突出和重要。各经济体通过签署自贸协定来解决多边谈判受阻导致市场开放迟缓的问题，但同时也陷入了自由贸易政策重叠交错、剪不断理还乱的困境。例如，东盟 10 国和 RCEP 其他 5 个成员国之间都分别签订有自贸协定，各协定规则都有所不同。而 RCEP 是对原先各"10+1"自贸协定的整体升级，是在此基础上达成的一个现代、全面、高质量、互惠的区域内统一的大型自贸协定。它大幅简化了亚太地区主要贸易协定间的差异，降低了经营成本和不确定性风险，为成员方之间商品、服务、资金、人员和技术的低成本流动与配置创造了更好的条件。

（2）有利于推动全球贸易投资治理机制的创新，为处于重构之中的国际经贸治理体系提供了一种更加包容和开放的新路径，为 WTO 等国际多边组织变革提供了新动能。一方面，RCEP 在统一性的基础上更多地体现了包容性，在追求高标准的同时最大限度地兼顾了各方的需求。它推动在小范围内实现发展中国家和发达国家之间分歧的弥合和协商一致，为 WTO 利益协调机制的完善和打破多回合谈判的僵局提供了经验和基础。另一方面，在贸易机制创新方面，RCEP 在知识产权、中小企业、电子商务、服务贸易等方面都有新的提升；在贸易救济措施方面，保障措施的使用期限、数量限制和对最不发达国家的排除有所改善。在国家应用方面进行了新的探索和实践；在投资治理机制建设上，RCEP 创新了投资保护、投资准入、公平竞争、争端解决等理念和做法。为形成全球统一的投资治理框架提供了可借鉴的经验。这些都有助于推动 WTO 制度的更新和改革。

（3）有利于推动成员国内资源配置的优化，RCEP 中各成员的减免税承诺，将显著减少各成员间的贸易费用，并使其在整个区域中实现最优化的生产配置。减少了潜在的交易费用，使得原有的国内制造环节能够按照"原产地积累"的原则，根据利益最大化的原则，进行柔性的配置，进而促进了成员国间的经济和社会发展。在这样的大环境下，中国可以通过将一些传统的劳动密集型产业转移到缅甸、柬埔寨、老挝等劳动力成本较低的地区，并通过与日本、韩国等国家的技术密集性产业的协作，构建中日韩三国为中心的高附加值的生产网络系统，从而提升各地区的资源分配效率，使中国在RCEP中的地位得到更好的发挥。

三、RCEP国际经贸新规则的主要内容

RCEP是东盟10国倡导的，整合和优化东盟与中、日、韩等国已签署的自由贸易协定，改变规则过多、操作易乱的现状，除"序言"外共包括20章及其17个附件和各方"关税承表""服务具体承诺表""服务与投资保留及不符措施承诺表""自然人临时移动具体承诺表"4个市场准入附件，主要内容如下。

（一）投资

协定约定的投资是指一个投资者直接或间接，拥有或控制的，具有投资特征的各种资产，此类特征包括承诺资本或其他资源的投入、收益或利润的期待或风险的承担。投资可以采取的形式包括：①法人中的股份、股票和其他形式的参股，包括由此派生的权利；②法人的债券、无担保债券、贷款及其他债务工具以及由此派生的权利；③合同项下的权利，包括交钥匙、建设、管理、生产或收入分享合同；④东道国法律和法规所认可的知识产权和商誉；⑤与业务相关且具有财务价值的金钱请求权或任何合同行为的给付请求权；⑥根据东道国法律法规或依合同授予的权利，如特许经营权、许可证、授权和许可，包括勘探和开采自然资源的权利；动产、不动产及其他财产权利，如租赁、抵押、留置或质押。"投资"不包括司法、行政行为或仲裁程序中的命令或裁决。就本段中的投资定义而言，用于投

资的投资回报应当被视为投资。投资或再投资资产发生任何形式上的变化，不得影响其作为投资的性质；协定还规定了给予国外投资者国民待遇、最惠国待遇，致力于改善投资环境；协定生效后两年内开展投资者和国家间投资争端解决机制谈判，并在三年内完成等。

（二）知识产权保护

包括知识产权权利内容不断增加，均衡各方利益诉求，知识产权保护水平提升等。比如，《协定》第11章旨在通过有效和充分的创造、运用、保护和实施知识产权权利来深化经济一体化和合作，以减少对贸易和投资的扭曲和阻碍。知识产权指的是著作权和相关权利，商标、地理标志、工业设计和专利、集成电路布图设计（拓扑图）、保护植物品种，以及对未披露信息的保护。每一缔约方应当有权建立其各自的知识产权权利用尽制度。每一缔约方应给予其他缔约方的国民不低于其本国国民在知识产权保护方面的优惠待遇等。

（三）电子商务

协定缔约方认识到电子商务提供的经济增长的机会、建立框架以促进消费者对电子商务信心的重要性，以及便利电子商务的发展和使用的重要性。目标为：①促进缔约方之间的电子商务，以及全球范围内电子商务的更广泛使用；②致力于为电子商务的使用创造一个信任和有信心的环境；③加强缔约方在电子商务发展方面的合作，进一步扩大数字贸易，允许数据流动和数据保护加强。

（四）政府采购

缔约方认识到促进政府采购相关法律、法规和程序的透明度以及开展缔约方之间合作的重要性。应当适用于一缔约方中央政府实体实施的政府采购相关法律、法规和程序。中央政府实体由该缔约方为本章之目的自行定义或通报。本章的任何规定不得要求①最不发达国家缔约方承担与透明度和合作相关的任何义务。②最不发达国家缔约方可以受益于缔约方之间的合作。缔约方认识到政府采购在进一步推动本地区经济一体化以促进经济增长和就业方面的作用。如政府采购明确向国际竞争开放，每一缔约方应当在尽可能且适当的情况下，根据该缔约方适用的被普遍接受的政府采购原则进行政府采购。核心要旨是支持 RCEP 各方提高中央政府采购的透明度和合作。

（五）竞争政策

协定设置竞争政策的目标是，通过采取和维持禁止反竞争行为的法律和法规，以及通过缔约方在制定和实施竞争法律和法规方面的区域合作，促进市场竞争，提高经济效率和消费者福利。追求此类目标将有助于缔约方从本协定中获益，包括基本原则、反竞争行为的措施、便利缔约方之间的贸易和投资等。

（六）服务贸易

本协定服务贸易指：①自一缔约方领土向任何其他缔约方领土内提供服务；②在一缔约方领土内向任何其他缔约方的服务消费者提供服务；③一缔约方的服务提供者通过在任何其他缔约方领土内的商业存在提供服务；④一缔约方的服务提供者通过在任何其他缔约方领土内的一缔约方的自然人存在提供服务；⑤ RCEP 在不同领域不同程度超越 WTO 标准，采用包括市场准入、国民待遇以及最惠国待遇等规则逐步开放。

（七）原产地规则

包括累积规则等。就本协定而言，符合下列条件之一并满足第三章其他适用要求的货物应当视为原产货物：①根据第三章第三条（完全获得或者生产的货物）在一缔约方完全获得或者生产；②在一缔约方仅使用来自一个或一个以上缔约方的原产材料生产；③在一缔约方使用非原产材料生产，并且符合第三章附件一（产品特定原产地规则）所列的适用要求。协定还具体列举了十种完全获得或者生产的货物情形。此外，除本协定另有规定外，符合第三章第二条（原产货物）规定的原产地要求且在另一缔约方用作生产另一货物或材料的材料，应当视为原产于对制成品或材料进行加工或处理的缔约方。缔约方应当自本协定对所有签署国生效之日起审议本条。本项审议将考虑将第一款中累积的适用范围扩大到各缔约方内的所有生产和货物增值。除缔约方另有共识外，缔约方应当自开始之日起五年内结束审议。

（八）自然人移动领域

协定约定的自然人是指从事货物贸易、提供服务或者进行投资。此类自然人应当包括下列一人或多人：①商务访问者；②公司内部流动人员；③附件四（自然人临时移动具体承诺表）中每一缔约方的承诺表中可能规定的其他类别。还具体规定了包括劳工政策、移民、自然人服务贸易等政策。

（九）海关通关和贸易便利化

RCEP将贸易自由化与便利化作为首要任务，致力于建立逐步消除所有货物贸易关税和非关税壁垒的自贸区。每一缔约方应根据GATT1994第五条第三款以及《贸易便利化协定》的有关规定，继续为来自或运往其他缔约方的过境货物提供清关便利。

（十）监管一致性政策

RCEP致力于共同打造一个跨区域、宽领域、高质量的贸易和投资环境，设置RCEP机构条款，争议解决条款等。

第二节　CAFTA协定的国际经贸规则

一、CAFTA的发展进程

第6次中国—东盟领导人会议于2002年11月在柬埔寨首都金边召开，国务院总理朱镕基与东盟10国领导人就《中国与东盟全面经济合作框架协议》（以下简称《框架协议》）举行签字仪式，确定2010年前建立中国—东盟自由贸易区（CAFTA）。这表明，中国—东盟自由贸易区建设进程已经开始。《框架协议》提出中国—东盟全面合作目标，即加强缔约方间经济、贸易及投资合作；推进商品和服务贸易；逐步实现商品和服务贸易自由化；

建立透明、自由、便捷的投资机制；开拓缔约方间更加密切经济合作新领域。

中国—东盟于 2004 年 11 月签订《货物贸易协议》。该协议规定：从 2005 年 7 月份开始，除了 2004 年已经实行降税的前期收获产品及少量敏感产品以外，双方还将针对另外 7000 种左右税目进行降税。这标志着中国与东盟国家之间在农产品关税减让谈判上取得重大进展。同年，中国与东盟就争端解决机制达成协议。《货物贸易协议》的降税计划已于 2005 年签订。

双方还于 2007 年 1 月份在自贸区内签订《服务贸易协议》并于 7 月份成功执行。中国—东盟自贸区（CAFTA）的建成，使得双方业已紧密的经贸合作关系进一步强化，同时为亚洲乃至世界经济的发展作出积极贡献。《中国—东盟自由贸易区投资协议》于 2009 年 8 月 5 日正式签订，这标志着双方之间的重大谈判告一段落。

中国—东盟自由贸易区是发展中国家之间最大的自由贸易区，有 19 亿人，GDP 近 6 万亿。是我国经济融入世界经济进程中迈出的重要一步。中国—东盟自由贸易区成立庆典活动于 2010 年 1 月 7 日在广西南宁隆重举行，18 项中国—东盟合作项目签订，合同总金额达 48.96 亿美元。

二、中国与东盟全面经济合作框架协议

国务院总理朱镕基与东盟 10 国领导人于 2002 年 11 月 4 日联合签署《中国—东盟全面经济合作框架协议》（以下简称《框架协议》），标志着中国同东盟经贸合作已步入一个崭新的历史阶段。《框架协议》为今后自贸区建设提供了法律基础，共 16 条，从整体上确立了中国—东盟自贸区建设的基本框架。

（一）中国—东盟自贸区主要由以下几个部分组成。

《框架协议》规定中国—东盟自贸区由货物贸易、服务贸易、投资与经济合作组成。其中，货物贸易在自贸区中处于核心地位，除了与国家安全、人类健康、公共道德和文化艺术保护有关的 WTO 许可例外产品及少量敏

感产品之外，所有其他产品关税及贸易限制措施均要逐步解除。

（二）有关方面协商的时机

货物贸易谈判于 2003 年初启动，至 2004 年 6 月 30 日完成。服务贸易与投资谈判自 2003 年启动以来就应该尽早完成。中国与东盟建立对话关系以来，双边贸易迅速增长。中国对东盟国家直接投资也有了较快发展。关于经济合作，双方同意将农业、信息通信技术、人力资源开发、投资促进以及湄公河流域的发展等作为合作的主要内容，逐步扩大到其他领域。

（三）中国—东盟自贸区时限

《框架协议》中指出：中国与东盟双方将于 2005 年开始对正常轨道产品降税；中国将于 2010 年在文莱、印度尼西亚、马来西亚、菲律宾、新加坡、泰国建立自贸区；中国将于 2015 年在越南、老挝、柬埔寨、缅甸建立自贸区。这标志着中国和东盟国家之间已经建立了一个全面合作的自由贸易区。中国对东盟绝大部分产品都采取了零关税和取消非关税措施，使双方贸易更加自由化。

（四）"早期收获"计划

为了尽快让中国与东盟在自贸区内享有利益，双方制订了"早期收获"计划，确定自 2004 年 1 月 1 日起对 500 多种农产品（主要指《税则》第 1—8 章农产品）进行降税处理，并在 2006 年前将其关税降至 0 级。

（五）对东盟非 WTO 成员国多边最惠国承诺

那时东盟的越南、老挝和柬埔寨还没有加入 WTO。为协助这些国家发展，中国同意对东盟非 WTO 成员实行多边最惠国政策，中国加入 WTO 之后的承诺也适用于上述国家。

（六）拟订相关贸易规则

《框架协议》为中国和东盟制定了原产地规则和反倾销、反补贴等贸易规则以及保障措施和争端解决机制，确保中国—东盟自贸区能够正常运行。

中国—东盟自由贸易区的建立，已经形成了以 17 亿消费者为核心，国内生产总值接近 2 万亿美元，贸易总量达到 1.2 万亿美元的经济区。中国—东盟自由贸易区（CAFTA）是全球人口最多、由发展中国家构成最大的自由贸易区之一。自贸区的构建给中国与东盟带来了互利共赢，对亚洲乃至世界经济稳定与发展起到了积极作用。

三、中国—东盟全面经济合作框架协议货物贸易协议

该协议 2002 年 11 月 4 日签署于柬埔寨金边，于 2003 年 7 月 1 日生效。包括三部分共 16 条，主要内容如下。

（一）目标

加强和改善缔约各国间经济、贸易与投资合作；推动商品与服务贸易，使商品与服务贸易逐步自由化，建立透明、自由、方便的投资机制；开拓缔约各国间更加密切的经济合作的新领域，制定相应措施；推动东盟新成员更加有效地加入经济一体化，以减少缔约各国间在发展水平上的差距。

（二）合作措施

全面经济合作措施缔约方商定快速谈判，以期在十年内成立中国—东盟自贸区（CAFTA）。双方将采取以下措施来加强和强化双方的合作。

从本质上看，一切货物贸易都要逐步消除关税和非关税壁垒，要逐步实行覆盖许多行业的服务贸易自由化，要建立公开而有竞争性的投资机制鼓励企业参与国际经济合作和国际竞争。促进并推动中国—东盟自贸区内部投资；给予东盟新成员国特别和差别待遇以及灵活性；中国—东盟自贸区协商时给予各方灵活性，以便分别处理其商品、劳务以及投资等敏感领域，这种灵活性应当本着互惠和互利原则，通过协商并彼此商定之后予以提供；设立切实有效的贸易和投资便利化举措，其中包括但不仅限于海关程序简化以及相互认证安排；扩大各方彼此商定并对于加深各方之间贸易和投资联系具有辅助意义的区域，并为执行商定的部门间/区域合作拟订行动纲领。

第二章 RCEP 及 CAFTA 协定的国际经贸规则构建

（三）货物贸易

除本协议所列的"早期收获"计划以外，为了加速货物贸易的扩展，各缔约方同意进行谈判，对各缔约方之间实质上所有货物贸易取消关税和其他限制性贸易法规 [如必要，按照 WTO 关税与贸易总协定（以下简称为 GATT）第 24 条（8）（b）允许的关税和限制性贸易法规除外]。各缔约方的关税削减或取消计划应要求各缔约方逐步削减列入清单的产品关税并在适当时依照本条予以取消。

（四）投资

为了促进投资并建立一个自由、便利、透明并具有竞争力的投资体制，各缔约方同意：（a）谈判以逐步实现投资机制的自由化；（b）加强投资领域的合作，便利投资并提高投资规章和法规的透明度；（c）提供投资保护。

（五）早期收获计划

"早期收获计划"是中国—东盟自贸区（CAFTA）框架内率先推出的降税计划，于 2004 年 1 月 1 号正式推出。该方案以 2002 年 11 月达成的中国—东盟全面经济合作框架协议为基础。虽然那时我国和东盟尚未对所有商品的降税安排取得一致意见，但是，为让双方早日享受自贸区带来的利益，并对中国—东盟自贸区建设建立信心，我们决定挑选部分共同关心、互补性较强的商品，以更快的速度、更大的范围提前降税，并首先开放市场。这一政策的提出，不仅促进了中国—东盟自由贸易区建设的步伐，而且对未来中国—东盟区域经济一体化进程产生深远的影响。

据报载，三年减税总协定中，中国同东盟对主要是农产品的几百种货物提前削减关税，中国同东盟六国（旧成员国）不迟于 2006 年才削减关税至 0，东盟四国（新成员国）不迟于 2010 年才削减关税为 0。"早期收获"是指提早一点，使每个成员国都能得到好处。早期收获计划将水果包括在产品范围之内。2004 年，是中国—东盟自贸区收获较早规划的一年。那一年，我国同东盟的水果贸易总额为 4.6 亿美元，比上年增加 27.8 个百分点。

第三章 高标准国际经贸规则在中国的实践

第一节 高标准国际经贸规则在中国的实践

一、中国和东盟 10 国之间的国际经贸规则

1997 年 12 月首次中国—东盟（10+1）领导人非正式会议发表《联合声明》，确定了双边面向 21 世纪的睦邻友好关系。这也标志着中国与东盟进入了一个新的历史发展阶段。2002 年中国与东盟签订《中国与东盟全面经济合作框架协议》（简称"框架协议"），确定 2010 年建成中国—东盟自由贸易区的目标。随后，中国与东盟在 2004 年签订《中国与东盟全面经济合作框架协议货物贸易协议》和《中国与东盟争端解决机制协议》。这标志着中国—东盟自贸区进入实质建设阶段。2007 年双方继续按照框架协议的安排，签订《服务贸易协议》，为双方如期全面建成自贸区奠定了坚实基础。2009 年双方签署《投资协议》。这份文件的签署标志着中国与东盟在自贸区建设方面的主要谈判已经全部完成。2010 年 1 月，中国—东盟自由贸易区如期建成。在此过程中，东盟 10 国全部成为 WTO 的成员国。中国—东盟自贸区的法律文件都以 WTO 的框架协议作为其法律基础。

2015 年 11 月中国—东盟自贸区升级谈判成果文件——《中华人民共和国与东南亚国家联盟关于修订〈中国—东盟全面经济合作框架协议〉及项下部分协议的议定书》（简称《议定书》）正式签署。2019 年，11 国均已完成《议定书》生效的国内程序。这也标志着中国—东盟自贸区正式升级。《议定书》涵盖货物贸易、服务贸易、投资、经济技术合作等领域，是对原协定的丰富、完善、补充和提升，是我国在现有自贸区基础上完成

的第一个升级协议。

二、中国与韩国之间的国际经贸规则

1992年8月24日,中国和韩国正式建立大使级外交关系。此后两国签订一系列和经贸投资合作有关的条约和协定,包括:《关于鼓励和保护相互投资协定》(1992年)、《关于促进和保护投资的协定》(2007年)、《贸易协定》(1992年)、《海运协定》(1993年)、《关于对所得避免双重征税和防止偷漏税的协定》(1994年)等。

2012年5月中韩两国启动自贸区谈判。2015年6月自贸区协定正式签署,制度建设正式完成。协定涵盖货物贸易、服务贸易、投资和规则共17个领域,包含了电子商务、竞争政策、政府采购、环境等"21世纪经贸议题"。协定除序言外共22个章节,包括初始条款和定义、国民待遇和货物市场准入、原产地规则和原产地实施程序、海关程序和贸易便利化、卫生与植物卫生措施、技术性贸易壁垒、贸易救济、服务贸易、金融服务、电信、自然人移动、投资、电子商务、竞争、知识产权、环境与贸易、经济合作、透明度、机构条款、争端解决、例外、最终条款。此外,协定还包括货物贸易关税减让表、服务贸易具体承诺表等18个附件。

三、中国与澳大利亚之间的国际经贸规则

1972年12月21日,中国和澳大利亚正式建立外交关系。此后,双方为了促进投资相继签订了《相互鼓励和保护投资协定》《避免双重征税和防止透漏税协定》等一系列重要协定。2005年4月两国签署《中华人民共和国商务部与澳大利亚外交贸易部关于承认中国完全市场经济地位和启动中华人民共和国与澳大利亚自由贸易协定谈判的谅解备忘录》。这标志着双方正式启动自贸协定谈判。历时10年,直到2015年,两国正式签署《中华人民共和国政府和澳大利亚政府自由贸易协定》。该协定于同年12月生效。它是我国首次与经济总量较大的主要发达经济体谈判达成的自贸协

定。内容上涵盖货物、服务、投资等十几个领域，实现了"全面、高质量和利益平衡"的目标。

中澳自贸协定包括正文部分和4个附件。正文部分除序言以外共17章，分别是初始条款与定义、货物贸易、原产地规则和实施程序、海关程序与贸易便利化、卫生与植物卫生措施、技术性贸易壁垒、贸易救济、服务贸易、投资、自然人移动、知识产权、电子商务、透明度、机制条款、争端解决、一般条款与例外、最终条款，其中包括各章附件共11个。协定的4个附件分别是货物贸易减让表、特定产品原产地规则、服务贸易减让表以及关于技能评估、金融服务、教育服务、法律服务、投资者与国家争端解决透明度规则的5份换文。除协定正文和附件之外，中澳自贸协定谈判一揽子成果还包括两国政府关于"投资便利化安排"和"假日工作签证安排"的2个谅解备忘录，以及关于中医药服务的合作换文。这3个文件与协定同时签署。

四、中国与新西兰之间的国际经贸规则

中国和新西兰于1972年12月22日建立外交关系。自建交以来，两国关系不断发展，经贸合作日益密切，签署了多个双边协定，包括：《中国和新西兰政府贸易协定》《中新商标互惠协议和海运互惠的换文》《关于避免双重征税和防止偷漏税协定》《投资保护协定》等。2004年4月，新西兰成为第一个承认中国市场经济地位的国家。

2004年11月中国和新西兰正式开启自贸区谈判。这也是中国和发达国家启动的第一个自贸区谈判。《中华人民共和国政府与新西兰政府自由贸易协定》于2008年10月1日开始生效，标志着中新自贸区的成功建立。新西兰也成为第一个与中国完成自贸区谈判的发达国家。该自贸协定以WTO为基础，共214条，分为18章，涵盖了货物贸易、服务贸易、投资等诸多领域。

2021年1月，中新两国政府正式签署《中华人民共和国政府与新西兰政府关于升级〈中华人民共和国政府与新西兰政府自由贸易协定〉的议定书》（以下简称《升级议定书》）。《升级议定书》实现了中新自贸关系在《区域全面经济伙伴关系协定》（RCEP）基础上进一步提质增效。主要内容包括：货物领域新增部分木材和纸制品的市场开放，进一步优化原产地规则、技术性贸易壁垒、海关便利化等贸易规则。突出亮点是：在投资审查门槛方面，新西兰确认给予中资与《全面与进步跨太平洋伙伴关系协定》（CPTPP）成员同等的审查门槛待遇。

第二节 比较"10+4"对 RCEP 国际经贸新规则的实践

一、东盟对 RCEP 国际经贸新规则的实践

根据 RCEP 的安排，签署后的当务之急便是闯关各成员国立法机构。东盟成员国当中，泰国、新加坡随后也完成了准入 RCEP 的国内程序。

泰国。作为东盟成员国中首个批准 RCEP 的国家，泰国政府极力推动 RCEP，期待以此作为泰国经济复苏和增长的重要工具。泰国国内的研究机构认为，加入以东盟为中心构建的 RCEP 对泰国来说是一个绝好的机会，RCEP 积极促成泰国的汽车零部件、石化、旅游、农业、食品和零售等行业的贸易平衡，使泰国成为亚洲首选的制造业基地。这些行业是泰国的非东盟贸易伙伴国有意扩大生产基地的领域，而泰国的工业区、发电厂和运输业也有望享受间接收益[①]。因此，在签署 RCEP 后，泰国政府即要求议会在 2021 年 2 月之前批准 RCEP，为 2021 年 RCEP 在泰国国内的全面落地铺平道路。2021 年 2 月 9 日，泰国议会已决定批准商业部关于批准 RCEP 的提案，允许该条约最早于当年年中生效。3 月 29 日，泰国商业部宣布成立 RCEP 中心以促进泰国的贸易增长，该中心旨在为泰国企业提供

---

① http://www.xinhuanet.com/english/2020-11/18/c_139524877.htm

有关 RCEP 成员国之间贸易和关税政策的信息和帮助。泰国的投资促进委员会（BOI）在其网站上也开通了 RCEP 专栏，详细介绍 RCEP 的全部章节。除此之外，泰国投资促进委员会通过税收和非税收刺激政策，鼓励投资者在清洁能源技术，如电动汽车和生物技术产业、自动化和机器人产业、医疗行业、数字化产业等进行投资，以应对 RCEP 的落地。

新加坡。新加坡是一个开放程度很高的小经济体，其外贸总额相当于 GDP 的四倍，其经济基本上靠外贸来推动。所以新加坡很早就致力于促进多边主义与贸易自由化的进程。RCEP 这一重要区域协定将补充新加坡已有自由贸易协定网络，拓展新加坡经济空间并推动贸易投资流量增长。据新加坡国内研究单位分析，RCEP 正式生效施行后将进一步提升新加坡区域经济竞争力。RCEP 所制定的关税减免、灵活原产地规则和通关便利化规则有助于减少新加坡企业交易成本。RCEP 关于促进数字经济与电子商务的篇章可以为新加坡本土企业营造更利于促进电子商务的氛围，助力新加坡中小企业朝着数字化及高附加值产业方向转型提升，让新加坡获得多方利益。

新加坡贸易与工业部 2021 年 4 月 9 日公布了《区域全面经济伙伴关系协定》（RCEP），同日向东盟秘书长交存核准书。至此，在 RCEP 的 15 个会员国中，新加坡是第一个办理正式批准全部手续的东盟国家。也是继中国和泰国后第三个批准该协定的国家。新加坡希望在疫情逐渐得到控制的情况下，国家尽早批准 RCEP，推进 RCEP 正式实施，以增强区域市场连通性，加大基础建设投入，增强生产链、供应链互补性及韧性，推动后疫情时期成员国及地区经济恢复发展，保障亚太地区市场成为全球价值链中最核心最关键的组成部分。

推进区域自由贸易便利化（RCEP）是 RCEP 签订的关键，新加坡在这方面有着十分成功的实践经验。新加坡在全球率先发展，利用"国际贸易单一窗口"，单一窗口建设一直走在国际前列。新加坡"单一窗口"的构建得到了新加坡政府的大力推进，从上个世纪 80 年代就已经开始了，早在1989年新加坡贸易网就已顺利开通运营，这是全球首个国家级电子贸易通关系统和世界首个国际贸易单一窗口。目前，新加坡已经成为亚洲唯一拥有完整体系的区域性自由贸易港。贸易网（TradeNet）系统使各有关公共和私营部门能够用电子方式交流贸易信息，简化处理流程，从而实现提高效率，降低成本，加速货物清关，并且使电子方式能够扣减成本和税。新加坡也研发出"网络化贸易平台"（NetworkedTrade Platform-NTP）——"一站式"贸易物流信息生态系统（NTP），支持将新加坡国内和国外价值链有关当事方数字化连接。当前 TradeNet 系统与 NTP 平台共存，贸易商在 TradeNet 前端解决方案下向新加坡海关 TradeNet 递交申请，TradeNet 通过前端及时向贸易商回传审批申请；NTP 平台在海关审批授权下可直接以结构化数据格式回传贸易商 NTP 平台数据库，并通过 NTP 平台重新利用其他服务业务。[①]

　　RCEP 规定了详尽的知识产权篇章，RCEP 协定对知识产权的保护比《与贸易有关的知识产权协定》（TRIPS）协定所要求的更为广泛。其中的关键要素如下：①融入了涵盖版权、专利和商标的多个知识产权多边协定：包括《伯尔尼公约》《专利合作条约》和《马德里议定书》等。这些多边协定规定加强知识产权保护。②提供了更广泛的非传统商标保护范围，RCEP 还包括为 RCEP 成员国提供条款，允许保护非传统商标，如遗传资源、传统知识和民间文艺等。以前，根据 TRIPS，由成员国决定是否对声音标识的提供商标权保护。RCEP 则明确规定，声音标识原则上可以获得保护。③加强对知识产权领域侵权的执法力度，RCEP 规定，要求各个成员国在出现侵害知识产权的行为时，要采取有效行动来制止侵权行为。2021年4月26日，新加坡公布了其2030年新加坡知识产权战略（SIPS 2030），制定了未来10年的蓝图，旨在加强新加坡作为无形资产和知识产权的全球

---

　　① 王语涵.优化口岸营商环境的国际经验与启示[J].中国对外贸易，2021.07.

枢纽地位，并保持新加坡知识产权制度的领先地位。SIPS 2030 的主要建议有以下几方面。

①巩固新加坡作为 IA（无形资产）/IP（知识产权）全球枢纽的地位。在技术颠覆的情况下建立有利的 IA/IP 保护的相关制度。这是 SIPS 2030 的一个关键政策主旨。为此，正在以下几个方面进行政策方面的审查："大数据"，随着推动机器学习等创新的数据的生成和收集的大幅增长，新加坡在即将出台的版权法案中引入了计算数据分析的例外，该法案将允许版权作品用于文本和数据挖掘、数据分析和机器学习等目的；商业秘密和人工智能（"AI"），新加坡知识产权局（"IPOS"）正在审查新加坡的 IA/IP 制度，以确保其能够为拥有商业秘密和研发 AI 技术的创新型企业提供全面保护。

②利用 IA/IP 服务鼓励和促进创新型企业的发展。增加知识产权行业咨询和服务的机会，例如企业可以从政府机构获取在业务指南、培训和咨询课程等全面的知识产权指导，或是根据企业的特点获取有针对性的 IA/IP 指导，以及通过以市场为导向的知识产权促进网络平台来提供专业 IA/IP 服务；加强监管措施，提高透明度和公开性；通过与银行和风险基金等潜在投资人合作，帮助轻资产的创新型企业获得融资。

③重视在 IA/IP 领域人才培养。重视基于高等院校的研究平台培养 IA/IP 方面的人才；针对企业的高管和专业从业人员，将向企业领导者提供关于 IA/IP 战略、商业化和风险管理的培训计划，以帮助他们做出战略管理决策；根据企业的业务规模分析和规划 IA/IP 企业的人力需求，为 IA/IP 从业人员提供结构化指导和培训。①

---

① Key Recent Intellectual Property Developments in Singapore: RCEP, UKSFTA, and Singapore IP Strategy 2030 (twobirds.com)，https://www.twobirds.com/en/news/articles/2021/singapore/key-recent-intellectual-property-developments-in-singapore-rcep-uksfta-and-singapore#section5，访问日期：2021/8/29.

越南。尽管 RCEP 的优惠关税是一个有利因素，但也是越南企业可能面临的挑战。由于其他成员国也将享受关税减免的待遇，越南现有的优惠待遇与贸易区内其他国家相比，已不再是一个明显的优势。根据 RCEP 规定的条件，该区域各国之间也有更大的自由贸易空间。如果越南国内企业在价格或质量上不能与海外产品竞争，越南国内企业将面临损失[1]。因此，对越南来说，内部对 RCEP 仍持保留态度。越南政府智库的学者认为，在越南研究部门提出 RCEP 的实施框架后，越南一方面应通过建立相应的国内机构和部门来配合 RCEP 各项条款的实施，开展单边改革以参照最高国际标准，进一步提升东盟向心力并深度参与 APEC 和 WTO 为代表的多边主义平台；另一方面应加强国内政策制定及新冠疫情控制，为未来更好地促进经济复苏及发展打下坚实基础。其中，应重点着眼于贸易投资政策修订、基础建设瓶颈突破和微观经济体制改革，例如提升营商效率、改善营商环境等问题。RCEP 文本中经济技术合作章节明确指出，成员国将获得技术支持及知识共享，这一重要举措将为越南的经济发展提供相当有利的条件。由此可见，越南未来的经济发展并不一定要独自前行，应更加积极推进 RCEP 批准及生效实施进程，抓住区域经济发展的红利。[2]

越南的贸易促进机构是隶属于工贸部的贸易促进局（Vietrade），负责对贸易和投资促进方面的工作，以促进越南工业和贸易的发展。具体包括：向贸易支持机构和企业提供业务信息；进行市场调研和分析，制定贸易促进政策；协助越南和外国企业接洽商业机会、客户、供应商和合作伙伴，包括派遣贸易代表团，接待外国商务代表团，并为越南和外国企业组织商务会议、研讨会和会议；协助越南企业建立、推广和保护产品品牌；促进

---

[1] RCEP: Opportunities and Challenges for Businesses in Vietnam (bbcincorp.com), https://bbcincorp.com/resources/rcep-opportunities-challenges-businesses-in-vietnam, 访问日期：2021/8/29.

[2] 阮英阳：RCEP 批准及实施的机遇与挑战并存_政务_澎湃新闻-The Paper, https://www.thepaper.cn/newsDetail_forward_13294368, 访问日期：2021/8/29.

贸易和促进工业发展的投资；与国际和外国组织在贸易促进和投资促进工业发展方面合作业务，等等。RCEP 签署后，中国对越南水产品的进口需求大增，越南贸易促进局通过线上贸易对接会与中国企业接洽，为中国企业采购越南水产品提供服务，增进交易双方了解彼此市场情况和进出口需求。①

作为 CPTPP 的成员国，为履行加入 CPTPP 协定的承诺，越南已经在 2019 年 6 月修订了其知识产权法，全文有 11 处关于专利、商标、地理标志和监管执法方面有关的修改。在知识产权方面，CPTPP 知识产权规则相对于 RCEP 具有更高标准，越南此次对知识产权法律的修订实际上可以兼容 RCEP 框架下的知识产权规则。例如，将丧失新颖性的例外的期限从当前法律规定的 6 个月延长至 12 个月，并且扩大了适用的公开范围；被许可人使用商标的情况也被视为是商标权所有者用于维持商标注册的商标使用；有关商标许可合同的特殊情况，即使未在越南知识产权局注册仍可对抗第三方；明确了对于根据国际条约认证地理标志或保护的请求，该地理标志的公开、异议或审查的程序遵循适用于越南知识产权局地理标志的相同步骤；如果法院判定被告未实施知识产权侵权行为，那么被告可请求法院要求原告来支付其律师费或其他相关费用。此外，根据该修正中对"滥用知识产权保护程序"的定义，被权利滥用所侵害的个人或企业可采取行动对抗滥用方。关于量化知识产权侵权损害赔偿的依据，不仅以原告的销售损失或利润为依据，还根据被告所获利益或合理的版税，及根据现行的知识产权法可用的其他方式来弥补权利人的损失。②

---

① 越南人民报网 - 中国广州企业对越南水产品的进口需求大增（nhandan.vn），https://cn.nhandan.vn/economic/commercial/item/9035001- 中国广州企业对越南水产品的进口需求大增 .html，访问日期：2021/8/29.

② Amendment of the Law on Intellectual Property in compliance with the CPTPP - In-House Community (inhousecommunity.com), https://www.inhousecommunity.com/article/amendment-law-intellectual-property-compliance-cptpp/，访问日期：2021/8/30.

菲律宾。菲律宾贸易和工业部（DTI）在 2021 年 6 月内向菲律宾总统杜特尔特提交批准 RCEP 的请求。菲律宾的目标是能够成为首批六个交存批准书的东盟成员国之一。联合国贸易和发展会议的一份报告显示，尽管 2019 年新冠病毒肆虐，但菲律宾 2020 年的外国直接投资（FDI）流入量仍增长了 29%，与去年全球 FDI 下降的趋势背道而驰。[①] 为了抗击新冠疫情、帮助受疫情负面影响的企业复苏，以及增强菲律宾吸引投资的能力，2021 年 3 月 26 日，菲律宾总统杜特尔特签署第 11534 号共和国法案——《企业复苏和税收激励法案》（CREATE），对菲企业税收和激励机制进行了改革，该法案是杜特尔特政府综合税收改革计划（CTRP）第二阶段[②]，包括将企业所得税降低 5~10 个百分点至 20%~25%。新法案主要分两部分：一是公司税和其他税的调整，二是合理化财政激励措施，对企业复苏和企业税收优惠作出利好举措。菲律宾国内认为 RCEP 的签署有助于恢复外国直接投资（FDI）的增长，更具体来说，RCEP 为菲律宾吸引出口导向型制造业的投资提供了一个增强的平台。根据 RCEP，结合菲律宾政府的综合税收改革计划，菲律宾将自己定位为东南亚的投资中心、创新中心、制造业中心以及该地区的培训和教育中心。菲律宾的贸易和工业部在 2020 年还发起了"Make it Happen in the Philippines"国际投资促进品牌和活动，以提升对菲律宾的外国投资，该项目旨在通过重塑国家形象，主动接洽投资者，提高外界对该国有竞争性产业的认识，突出投资商业机会，最终将为菲律宾引入更多的外国直接投资铺平道路。[③] 菲律宾的这一活动将通过一套定制的数字化内容、社交媒体、活动和纸质营销资料来开展宣传，其

---

① DTI vows to make PH more attractive to investors | Philippine News Agency (pna.gov.ph),https://www.pna.gov.ph/articles/1148280,访问日期：2021/8/30。

② CTRP 系菲律宾杜特尔特政府的第一阶段减免个人所得税，扩大增值税（VAT）税基的税改方案。

③ DTI vows to make PH more attractive to investors | Philippine News Agency (pna.gov.ph)

全新的多语种数字化投资平台①已经推出，借助该平台投资者可以更容易地与菲律宾投资促进服务委员（BOI）的投资专家建立联系。2020年11月，菲律宾就在中国香港特别行政区举办的"一带一路"峰会首次使用了"Make it Happen in the Philippines"的虚拟展览来主动接洽潜在投资者。

印度尼西亚。构建RCEP的倡议实际是印度尼西亚在2011年首次提出，当时印度尼西亚是东盟的轮值主席国。RCEP将使流入印度尼西亚的投资增加20%以上。印尼外交部副部长马亨德拉·西雷加尔在2021年1月份的一次RCEP网络研讨会上发言，他认为RCEP是提高印尼在世界贸易和投资中的作用和贡献的重要工具②。印尼国内智库提出，为了确保RCEP对印度尼西亚有利，除了提高工业竞争力外，印度尼西亚还必须确保投资流向印尼的制造业，特别是与数字经济和面向工业革命4.0相关的行业。根据关于RCEP对印度尼西亚经济影响的各种研究的建议，印度尼西亚必须在不远的将来准备或实施政策或结构调整，利用RCEP促进印尼经济发展的关键成功，是提高现有产业的竞争力和投资环境，吸引数字产业和面向第四次工业革命的投资。印尼计划制定吸引专注于中间产品的投资政策，这将促进印度尼西亚融入RCEP地区的产业供应链，以及全球供应链产业。

其他东盟国家国内的主流观点，都认为RCEP将建立一个全面的、高质量的伙伴关系框架以及互惠互利的合作关系框架，有利于区域内贸易的扩展，尤其有助于东盟地区从新冠肺炎疫情危机中快速复苏，执政者都力推RCEP通过各自国内的批准程序，但是新冠疫情的卷土重来使这些努力复杂化，马来西亚原本寻求在当年年底之前批准RCEP，但是马来西亚有可能推迟关于RCEP政策辩论。③

---

① 可登录网站"https://philippines.business/"。
② RCEP to increase investment inflow into Indonesia: Minister Siregar - ANTARA News, https://en.antaranews.com/news/166308/rcep-to-increase-investment-inflow-into-indonesia-minister-siregar, 访问日期：2021/9/4。
③ RCEP unlikely to become effective until 2022 (eiu.com)。

二、日本对 RCEP 国际经贸新规则的实践

2018 年以前，日本以积极推动 TPP 协定和达成日欧经济合作协定（EPA）为优先的贸易战略选择，但是由于特朗普政府奉行"美国优先"的贸易保护主义政策，美国在 2017 年 1 月退出了 TPP 的谈判，可以肯定的是，占 TPP 协定 GDP 六成的美国退出后，TPP 的吸引力已经丧失。TPP 协定占全球 GDP 的 38.3%，而 CPTPP 则降至 13.5%。人口将从全球的 11.2% 下降到 6.8%，进口额将从 28.3% 降至 14.6%。就日本贸易的份额而言，出口将从 TPP 的 33.05% 降至 CPTPP 的 12.8%，进口将从 27.1% 降至 15.1%[①]。尽管如此，日本仍积极主导并推动没有美国参与的 CPTPP 的尽快生效。而在日本—欧盟 EPA 协议签署后，日本和欧盟领导人也公开强调，日本和欧盟将"站在一起，反对保护主义"，EPA 的签署为遏制贸易保护主义浪潮奠定了坚实的基础。日本长期奉行的多边贸易主义战略也促使日本重新展示对 RCEP 的积极态度。日本国内的主流观点认为，RCEP 具有扩大日本贸易的极大可能性，并且 RCEP 将首次在日本、中国和韩国之间签署自由贸易协定（FTA）[②]。

日本政府于 2011 年 2 月 25 日召开内阁会议通过 RCEP 批准案文，4 月 28 日获得日本国会批准 RCEP，6 月 25 日内阁会议决定接纳 RCEP。至此，日本已完成对 RCEP 规定的政令修改及其他程序，是继中国、泰国和新加坡后第 4 个完成对 RCEP 国内批准手续的国家。[③]

根据日本在参加 RCEP 时做出的承诺，日本对于其他成员国输入的电子产品及机械产品大部分采取零关税的政策，对于服装类产品所收取的关

[①] TPP11（CPTPP）の概要と意義, https://www.iti.or.jp/flash364.htm, 访问日期: 2021/9/4.

[②] RCEP をどう見るか：政治学・経済学の研究課題, https://www.ide.go.jp/Japanese/Publish/Reports/Seisaku/202011.html, 访问日期：2021/9/4.

[③] 孙丽, 赵泽华. 日本依托区域经济一体化主导国际经贸规则制定权的战略分析 [J]. 现代日本经济, 2021（1）.

税也会逐渐降低税率。

　　日本国内有许多的产业业界团体，例如日本贸易振兴机构（JETRO）、经济团体联合会（Keidanren）、日本商工会议所（JCCI）、日本农业协同组合（ZEN-NOH Group）等，日本政府在制定贸易谈判策略时，会特别重视日本国内这些业界团体的意见或建议。以日本经济产业省下设的日本贸易振兴机构（JETRO）为例，日本贸易振兴机构根据2002年的《日本对外贸易组织法》，由日本政府出资设立的独立行政法人，JETRO最初的设立目的是"旨在全面、高效地开展促进日本贸易的项目，对亚洲地区的经济和相关情况进行基础和全面的研究，并传播其成果，从而促进与这些地区的贸易和经济合作。"[①]进入21世纪之后，该机构以促进海外对日投资、重振日本出口贸易和支持区域经济国际化为目标，通过"开拓出口渠道、支援海外对口国家、提供国外商务信息等，为日本企业特别是中小企业的海外业务拓展提供支援"[②]。JETRO在海外55个国家设有76个办事处[③]，专门收集海外国家和地区的经贸政策、行业动态、法律制度等信息，日本企业开展贸易活动提供海外商务咨询。其还专门设有亚洲经济研究所，为日本政府制定贸易政策提供智库支持[④]。在RCEP签署后，JETRO积极帮助企业了解成员国市场，拓宽销售渠道。中国是日本最大的贸易国，JETRO就在中国设立多个代表处，为日企来华投资提供信息政策，同时向覆盖地区有意向赴日投资的企业传递相关资讯。此外，JETRO牵头组织或合作组织关于RCEP学术研讨会、说明会，向日企介绍RCEP的概况，以及RCEP主要国家的批准情况和商机。

　　日本作为一个贸易大国，其跨境贸易便利化程度，特别是通关效率同

---

① https://www.jetro.go.jp/jetro/profile/，访问日期：2021/9/4。
② ジェトロについて｜ジェトロ（jetro.go.jp）
③ https://www.jetro.go.jp/jetro/profile/，访问日期：2021/9/4。
④ 管秀兰.对日本贸易振兴机构关于日本企业在华状况调查的解读[J].经管研究，2014（1）.

样处于世界领先地位，特别是海关管理、通关效率和基础设施等更具优势。在此背景下，日本提出了许多促进贸易便利化措施，特别是在海关的管理、货物通过海关的速度等方面的建设尤为突出。这些做法对我国海关改革有一定借鉴意义。如日本海关实行的预备审查制度是指在进口货物到达目的地前或者食品进口检验检疫工作未结束前，申请人可先行报请海关，由海关事先审查单证并决定是否验货。所以企业可根据具体情况预先"预申报"，以实现迅速过关和节约时间。又比如在集装箱吞吐量较大的港口口岸中，日本做到24小时无间断通关，也就是在海关正常工作时间外另外调配海关官员当值，做到一年365日，一天24小时无间断无障碍。[①]

三、韩国对RCEP国际经贸新规则的实践

作为典型的出口导向型国家，韩国大规模增加贸易额和投资规模的战略选择就是与主要贸易对象国缔结自由贸易协定或经济合作协定。2015年4月，韩国产业通商资源部公布《新FTA推进战略》，提出要应对超级FTA，推进与新兴经济体之间的FTA。超级FTA指TPP、RCEP、中日韩FTA等[②]。

韩国为促进自由贸易区的建立，其职能部门多设立涉贸易业务的下属机关，最近几年，随着经贸一体化进程的加快，特别是中国入世后对韩出口的增加，韩国政府也加大了对贸易政策的改革力度，其中一个重要内容就是成立专门负责对外经济事务的通商交涉本部。通商交涉本部负责汇总调整企划财政部、农林水产食品部、知识经济部及其他国内相关贸易部门提出的建议，在此基础上代表韩国政府开展对外贸易谈判及制定，实施与

---

① 王语涵.优化口岸营商环境的国际经验与启示[J].中国对外贸易，2021.07.

② 金香兰.日韩FTA战略比较研究[J].吉林大学博士学位论文，2018：86.

对外经济有关的外交政策[①]。再如韩国的贸易、工业和能源部（MOTIE）。MOTIE 亦下设贸易合作局，该下属机构设置了自贸谈判办公室，甚至还专设了东亚自由贸易区局[②]。

韩国政府为了顺利推进其 FTA 战略，还特别建立 FTA 官方网站"FTA 强国，KOREA"（www.fta.go.kr）。该网站提供 FTA 签署情况、FTA 利用情况、FTA 相关国内援助政策、FTA 协定书全文内容、FTA 新闻、FTA 研究报告等各种相关信息。在 RCEP 签署后，该网站就开设了 RCEP 专区（https://www.fta.go.kr/rcep/）[③] 特别是与美国、中国、欧盟等主要谈判对象之间的 FTA，还另外制作网页，提供更加详细的信息。不仅如此，国民还可以通过链接 FTA 1380 咨询中心（https://www.fta.go.kr/main/community/1380/）等网页窗口，针对 FTA 相关问题进行在线咨询与沟通。除了官方渠道外，韩国还根据2011年12月第108届紧急经济对策会议决议，设立了自贸区综合支援中心（FTA 综合支援中心）[④]，这是一个为支持中小企业利用 FTA 而成立的官方民间联合组织。

另外韩国也推出了与 FTA 有关的综合国内援助政策。按照《关于与缔结自由贸易协定有关的贸易调整援助的法律》所实行的贸易调整援助制度，把援助范围由制造业及有关的一些服务业扩展至制造业及全部服务业，以帮助在促进 FTA 进程中遭受损害的国内企业及劳动者[⑤]。

韩国政府为促进贸易便利化所采取的措施主要有：促进并完善"认证经营者"（AEO, Authorized Economic Operator）制度；AEO 制度是世界海关组织为达到《全球贸易安全与便利标准框架》的目标而提出来的，主

---

① 金香兰. 日韩 FTA 战略比较研究 [J]. 吉林大学博士学位论文，2018：87.

② 组织结构 | 贸易、工业和能源部（motie.go.kr），https://english.motie.go.kr/en/am/organization/organization.jsp，访问日期：2021/9/5.

③ https://www.fta.go.kr/rcep/

④ https://okfta.kita.net/

⑤ 金香兰. 日韩 FTA 战略比较研究 [J]. 吉林大学博士学位论文，2018.

第三章　高标准国际经贸规则在中国的实践

张通过海关向信用状况好，守法程度高，安全水平高的公司实行认证来为已通过鉴定的公司提供优惠通关便利[1]。韩国海关向结成伙伴关系的"认证经营者"委派"客户经理"，就贸易有关事宜提供咨询服务，强化内控以增进守法合规，并鼓励"知情守法"；还向"认证经营者"提供了减少查验率，优先查验，简化通关手续和免除稽查以减少贸易成本等通关便利[2]。

四、澳大利亚和新西兰对 RCEP 国际经贸新规则的实践

澳大利亚。2021 年 9 月 1 日，澳大利亚议会的条约联合常设委员会（JSCOT）出具报告建议澳大利亚政府批准 RCEP。该委员会的委员提出，RCEP 的签署是一项重大成就，RCEP 占世界人口和 GDP 的近三分之一，预计 RCEP 的广泛成员和简化的贸易标准将促进供应链一体化和更紧密的区域经济一体化。作为以东盟为中心的区域自由贸易协定，RCEP 还有助于巩固和加强东盟在制定区域规范和标准方面的领导作用。RCEP 所提供的一系列贸易规则和标准将给澳大利亚提供更多针对东盟地区的出口便利。[3]但在此前 2021 年 7 月 28 日该委员会针对 RCEP 所进行的审查程序中，澳大利亚工会理事会（ACTU）呼吁澳大利亚莫里森政府不应该在缅甸军政府执政期间批准与缅甸有关的贸易协定，包括 RCEP。ACTU 不批

---

[1]　AEO 互认打造中韩贸易便利化通道 ＿ 中国贸易新闻网 （chinatradenews.com.cn），https://www.chinatradenews.com.cn/shangmao/201802/28/c11962.html，访问日期：2021/9/7.

[2]　王语涵 . 优化口岸营商环境的国际经验与启示 [J]. 中国对外贸易，2021.07.

[3]　Treaties Committee report on RCEP released – Parliament of Australia (aph.gov.au)，https://www.aph.gov.au/About_Parliament/House_of_Representatives/About_the_House_News/Media_Releases/Treaties_Committee_report_on_RCEP_released，访问日期：2021/9/4.

准 RCEP 的理由如下：一是使得缅甸军政府独裁统治合法化。二是该协定没有提及国际劳工标准或人权标准，未能保护工人的权利，指责包括中国和印度尼西亚在内的许多成员国的人权记录不佳。相反，澳大利亚政府应利用贸易协定中解决这些成员国所谓的剥削劳工的问题，否则澳大利亚的产业和劳工利益将因此受到来自这些所谓"低人权"国家的冲击和削弱。①

早在澳大利亚政府 2020 年年底签署 RCEP 时，ACTU 就指责澳大利亚莫里森政府绕过澳国内程序，与其他 RCEP 的签署国闭门谈判，整个签署过程相当不透明，政府并没有向澳国内披露签署 RCEP 是否会给澳大利亚带来好处。②ACTU 的发声并非仅代表该组织自身，在 JSCOT 关于是否批准 RCEP 的数次公开听证会中，澳国内的多个政治团体都不断提出对 RCEP 缺少人权、劳工权利和环境标准的关注③。尽管 JSCOT 已经建议澳政府批准 RCEP 协定，但是在报告中仍建议澳政府继续把恢复缅甸民选政府作为澳外交政策的优先事项，并考虑在批准 RCEP 时就此作出声明；还建议政府在第一次审查时继续将劳工、人权和环境规定纳入 RCEP 中④。

---

① RCEP agreement will legitimise the military dictatorship in Myanmar and fails to provide benefit to Australian workers. (actu.org.au)，https://www.actu.org.au/actu-media/media-releases/2021/rcep-agreement-will-legitimise-the-military-dictatorship-in-myanmar-and-fails-to-provide-benefit-to-australian-workers，访问日期：2021/9/4。

② Secret RCEP trade deal to be signed without oversight (actu.org.au)，https://www.actu.org.au/actu-media/media-releases/2020/secret-rcep-trade-deal-to-be-signed-without-oversight，访问日期：2021/9/4。

③ Additional comments - Australian Labor Party – Parliament of Australia (aph.gov.au)，https://www.aph.gov.au/Parliamentary_Business/Committees/Joint/Treaties/RCEP/Report_196/section?id=committees%2freportjnt%2f024720%2f77767，访问日期：2021/9/4。

④ Overarching issues and conclusion – Parliament of Australia (aph.gov.au)，https://www.aph.gov.au/Parliamentary_Business/Committees/Joint/Treaties/RCEP/Report_196/section?id=committees%2freportjnt%2f024720%2f77363，访问日期：2021/9/4。

从澳大利亚关于是否批准 RCEP 的国内动向来看，澳大利亚仍是带着"有色眼镜"，试图把所谓劳工标准列入双多边贸易协定中，试图在 RCEP 协定中强塞"劳工条款"，以此来削弱发展中国家的劳动力优势。本质上还是采取一种变相的"贸易保护主义"的谈判策略。

新西兰。2021 年 9 月 3 日，新西兰议会的外交、国防和贸易委员会也公开了关于 RCEP 新西兰国内拟立法案的最后报告[①]。尽管报告中提及在审议关于 RCEP 的公开听证会当中，同样有少数议员以 RCEP 缺少人权、劳工权利的问题向政府发难。但总体而言，新西兰国内对待 RCEP 的态度相较于澳大利亚更为积极[②]，尽管国内批准程序尚未走完，新西兰在其外交和贸易部的官方网站上就开辟了关于 RCEP 的专栏，详细介绍了 RCEP 的谈判签署历程和协定的详细内容，尤其是重点介绍加入 RCEP 之后会为新西兰的商品和服务出口，以及投资领域所带来的优惠。

第三节　RCEP 国际经贸新规则对中国的机遇和挑战

一、RCEP 国际经贸新规则给中国发展带来的机遇

RCEP 签署后，对坚持推动经济全球化、继续保持并深化国家间经贸合作、构建多边自由贸易体系等方面给予了大力支持，使世界自由贸易呈现出新的势头。RCEP 给中国带来了以自由贸易规则为基础，全球最大一

[①] Regional Comprehensive Economic Partnership (RCEP) Legislation Bill - New Zealand Parliament (www.parliament.nz)，https://www.parliament.nz/en/pb/sc/reports/document/SCR_115727/regional-comprehensive-economic-partnership-rcep-legislation#RelatedAnchor，访问日期：2021/9/4.

[②] 东盟与新西兰望 RCEP 早日生效 - 产业合作 - RCEP 区域全面经济伙伴关系，http://www.rcep.com.cn/index.php?m=content&c=index&a=show&catid=31&id=390，访问日期：2021/9/4.

体化的稳定市场。目前，RCEP已经成为亚太地区最具活力的贸易安排之一，也将是今后一段时期内推动国际贸易与投资自由化进程的重要平台。在未来几年中。该地区贸易额仍将保持较高增长水平。在中国进出口总额中，这一市场占到了1/3左右。通过加入RCEP，努力为我国经济发展争取坚实的外部环境基础并给我国带来良好的外部环境。

  一是强化区域内贸易产业链互补。RCEP所营造的高水平自由贸易环境将为区域内贸易产业链带来更多融合和互补效果。随着全球价值链分工体系的不断发展和完善，各个国家之间的分工和合作关系越来越紧密。在RCEP框架下开展国际分工与合作，企业可以利用自身在区域内生产网络中的优势，提升自身在价值链中的地位。中国企业在RCEP框架下开展国际分工与合作后，不仅可以利用自身在区域内生产网络中的优势提高对其他成员国产品的需求，还可以通过在其他成员国设立海外制造基地等方式实现供应链上下游的协调与合作。在世界范围内，中国拥有最齐全的工业部门和最完整的产业链，吸纳中国进入到涵盖东亚—东南亚区域范围内的自由贸易区，其产业链也是世界范围内最完整的。因为RCEP制定了原产地规则，所以从区域整体上看，各成员国不同阶段对产品的处理都会得到统一肯定，这样RCEP也就是为各成员国间商品、技术及劳务的流动扫清了道路。同时，RCEP也为发展中国家提供了一个参与国际分工与合作的平台。这对于中国来说具有重要意义：一方面可进一步促进国内经济发展；另一方面有助于中国企业开拓海外市场，提升中国企业竞争力。可以逐渐缓解我国对于美国和欧洲市场的依赖性，帮助中国在区域价值链中培育新技术和新市场，并达到逐渐向制造业上游迁移的目的。以汽车业为例，据统计，亚洲在过去10年中已经成为世界第一大汽车销售市场，特别是东南亚汽车市场更是高速发展。RCEP签署生效后，汽车零部件关税将会大幅度下降，对中国—东南亚汽车供应链及产业链会产生巨大的整合作用，并有效助力汽车制造商降低生产成本、提高销售。

  RCEP与此前的"10+1"相比，最大的特点是大幅削减了关税，这将对中国企业拓展海外产业链产生巨大的促进作用。对企业来说，这意味着将会有更多的商品进入到 RCEP 市场，有更多的机会进入到"10+1"市场。如果一个中国企业在 RCEP 中找到了新的产业链，就能拓展它在整个区域内的产业链。而对于中国企业来说，不仅可以利用现有的"10+1"市场，还可以利用 RCEP，拓展到更多地区。如果一个中国企业找到了一条新的产业链，那么这个中国企业在这个新的产业链中就能获得更多的利润。即使是一个传统产业，如果它能找到一个新的产业链，那么这个产业也可以成为它在全球价值链中获得利润的新来源。当然，对于中国企业来说，在拓展 RCEP 市场时还需要注意两个问题：一是要找到足够多、足够好、足够有竞争力的产品。二是要找到可靠、稳定、可预期、成本合理且能满足市场需求的合作伙伴。这样才能既能避免盲目投资带来的风险，又能获得更多利润。

二是提高区域内贸易、投资增长率，将为中国经济增长和实现双循环发展模式带来新动力。据有关研究预计，RCEP 的建立，将使成员国到 2025 年出口、对外投资存量和 GDP 比基线分别多增长 10.4、2.6 和 1.8 个百分点[①]。从而为促进我国出口、进口、跨境双向投资注入新动力。而且 RCEP 促进了东盟国家的经济复苏与增长加速，以及日本、韩国的经济复苏，同时给中国提供了良好的外部经济发展环境。有利于提升对外开放水平；促进贸易平衡发展；提高国际竞争力；实现互利共赢；拉动内需消费和产业结构优化升级。稳定区域经贸环境，完善外贸环境有利于中国经济稳步发展。我国可集中优势开发高新技术和扩大国内消费市场，从而为建立以国内大循环为主导的发展模式创造良好的条件。同时也有利于扩大开放，主动扩大进口和吸引外商直接投资，引进外资所需的技术、资金和劳

---

① RCEP 和中国加入 CPTPP 将深刻影响世界贸易和中美贸易格局_中国网（china.com.cn），http://www.china.com.cn/opinion/think/2020-11/24/content_76942999.htm，访问日期:2021/9/4。

务；还有利于主动扩大出口产品与劳务，增加对外投资。在 RCEP 框架下，中国与东盟、日本、韩国等国之间可以实现投资便利化，降低了企业的市场准入门槛，使得企业有更多的机会参与国际分工。随着 RCEP 成员国之间在服务业领域开放程度的提高，中国企业在这些国家可以通过设立服务机构、扩大服务领域等方式与其他成员国进行产业分工合作。一方面，中国企业可以通过投资到其他成员国，实现资源优化配置和产业升级。中国与东盟国家之间在农业、旅游业等方面具有一定的互补性，中国企业可以利用这些领域开展产业合作。另一方面，中国企业还可以通过在其他成员国设立研发中心等方式，与其他成员国进行产业合作和技术交流，实现在这些国家的产业升级和技术突破。此外，中国企业还可以通过设立海外研发中心、投资设立海外制造基地等方式开展产业转移，促进中国与其他成员国之间的贸易往来。

三是以数字经济为主导的双向。RCEP 贸易便利化条款及电子商务规则有利于区域电子商务政策一致性，减少跨境电子商务操作风险，显著提升通关与物流效率，刺激区域消费市场潜力，推动供应链整合，推动资源优化，成员国均可得到更大机遇。后疫情时代经济生态与数字经济密不可分，数字经济无疑是中国与其他成员国的关键合作方向之一。

四是促进地区营商环境的全面改善。RCEP 要建设一套完善营商环境的举措。这些举措包括：加快推进自贸试验区建设；进一步完善投资促进政策体系；积极实施"走出去"战略以及加强与发展中国家合作等。这对于我国优化营商环境具有重要意义。如在知识产权方面，确立了包括著作权、商标、地理标志、专利、外观设计和遗传资源在内的全方面保护规则，反映出知识产权保护新趋势。政府采购、竞争和贸易救济的规则运作得好还能为地区贸易自由化与便利化营造较好的环境。中国企业在 RCEP 成员国开展业务时，会面临着更多的营商环境约束，这将会对中国企业国际化经营水平的提高提出更高要求。因此，中国企业需要具备更加完善的知识产权保护制度，更加良好的知识产权运营能力和管理能力，更好地适应市场环境变化。中国企业在 RCEP 成员国开展业务时，必须充分运用 RCEP 的相关规则，加强对当地法律法规和相关政策的学习与了解，掌握当地市场情况并及时调整经营战略，全面提升企业国际化经营水平。同时，中国企业在对外承包工程中会面临更为激烈的竞争环境。随着"一带一路"建设的推进，中国企业在海外市场面临着越来越多的竞争对手和越来越高的经营风险。在 RCEP 成员国中开展业务时，中国企业必须加强与当地政府和行业组织等合作，充分利用各种资源和优势，加强自身能力建设，不断提升自身国际化经营水平。

五是有利于中国企业开拓多元化的国际市场。在传统的国际贸易中，由于各国市场、技术和人才的差异，各国企业之间难以形成有效的分工和合作。RCEP 虽然仅覆盖 15 个成员国，但在协定中设置了 10 个独立的区域全面经济伙伴关系（RCEP），使不同国家之间形成了有效的分工和合作，从而实现了"你中有我、我中有你"的局面。RCEP 成员之间通过市场开放和合作，降低贸易壁垒、创造贸易便利、促进贸易投资发展，形成了优势互补、利益融合、共同发展的良好局面。RCEP 成员国之间也通过区域一体化进程和经济一体化进程，实现了更大范围的资源配置和要素流动，促进了区域内经济一体化进程。区域内 90% 以上的货物贸易最终实现零关税，还包括服务贸易和投资领域的开放。在 RCEP 框架下，中国与东盟、韩国等国家之间签订的自由贸易协定将被整合为统一的多边自由贸易协定。这就意味着 RCEP 成员之间在投资方面将实现"准入前国民待遇"和"负面清单"管理模式，从而有利于中国企业在全球范围内进一步扩大开放。中国企业在 RCEP 框架下开展国际投资合作，不仅可以享受投资便利化和自由化带来的红利，还可以参与全球价值链分工体系，更好地利用区域内的生产网络进行资源配置。中国企业在 RCEP 框架下开展国际生产网络建设，可以通过产业转移、合作研发等方式与其他成员国进行产业分工与合作，形成更加紧密、合理和平衡的国际生产网络和产业体系。中国企业利用 RCEP 框架下自由贸易协定带来的红利，可以实现更高水平的开放。

中国是世界上最大的发展中国家，也是最大的制造业国家。随着我国经济发展进入新时代，中国经济社会发展的战略目标已经由"做大总量"转向"提质增效"，转变经济发展方式、优化经济结构、转换增长动力。在这种情况下，中国企业只有积极开拓区域内市场，才能进一步提高我国经济的国际竞争力。RCEP 的实施为中国企业开拓区域内市场提供了良好的机遇。一方面，RCEP 成员国之间签订自由贸易协定后，中国企业可以利用自贸协定降低运输成本和时间成本，享受关税减让带来的红利。目前，在全球范围内，运输时间较长、运输成本较高等问题始终困扰着国际贸易。在 RCEP 框架下开展国际贸易可以降低货物运输时间和成本，使货物流动更加便捷。中国企业可以利用 RCEP 框架下的贸易便利化措施来降低运输时间和成本。例如，在 RCEP 框架下实施原产地规则可以使商品在成员国之间进口时享受零关税待遇，从而降低了商品的运输成本和时间成本；在 RCEP 框架下实施服务贸易自由化措施可以使服务提供者以较低的价格向消费者提供更高质量的服务，从而降低了消费者选择服务时所需要支付的费用；在 RCEP 框架下实施投资自由化措施可以使投资提供者以较低的价格向消费者提供高质量的投资和服务，从而降低了投资提供者所需要支付的费用。另一方面，中国企业也可以利用 RCEP 实现与其他成员国之间贸易和投资渠道的畅通。在 RCEP 框架下，中国企业可以与其他成员国建立更多的贸易和投资渠道。例如，中国企业可以利用 RCEP 框架下的边境贸易便利化措施来促进与其他成员国之间的贸易和投资往来；中国企业可以利用 RCEP 框架下的双边自由贸易协定来扩大与其他成员国之间的贸易和投资往来。

二、RCEP 国际经贸新规则给中国带来的挑战

（一）内部竞争的挑战

中国与 RCEP 另外 14 个国家的贸易格局总体上表现为在家具家居产

品、纺织服装和钢铁制品（以出口东盟国家为主）、铝制品、陶瓷制品上出口多于进口。在铁矿砂、原油、塑料橡胶制品、电机、电气设备、汽车等领域的进口超过了出口。伴随着对90%以上产品零关税的实施，中国传统劳动密集型产品与东盟10国相比竞争优势会被削弱，而日本、韩国的汽车及机电产品在中国和东盟市场上的竞争力都会得到提升。所以在短期内中国传统劳动密集型与中高端机电产品的出口均会得到提振，但是从中期来看传统产业向东盟国家转移速度加快，高端产业与日韩之间的争夺也会加剧。外商投资准入大幅放宽有助于日韩等发达国家加大对华投资力度，当然也有助于推动国内经济的发展，但是国内产业所面临竞争也会更加激烈。

（二）制定规则的挑战

美国总统拜登在RCEP诞生后表示，美国占世界经济总量25%。将和另外占世界经济25%的其他民主国家一起，共同制定贸易规则，而不能让中国来制定[1]。RCEP的诞生以及中国在贸易地位及贸易规则话语权上的提升，势必推动拜登政府在将中国拒之门外的同时，加速、强化其与欧洲国家、日澳新及其他盟国的合作关系，并联合制定其心目中高水准的世界贸易规则来构建多边、区域贸易体制。除以上在区域贸易安排方面对中国的挤压之外，还会集中表现为WTO改革议程设置与标准等方面。中国又会而且常常是美欧等国打击的对象。在多边贸易体制下，中国所遭遇的争斗将会变得更为尖锐。

（三）出口竞争的挑战

RCEP对中国出口企业竞争力提出了挑战。在疫情冲击下，以美国为首的西方国家采取贸易保护措施和单边主义措施，使得世界贸易秩序受到

---

[1] RCEP和中国加入CPTPP将深刻影响世界贸易和中美贸易格局_中国网（china.com.cn），http://www.china.com.cn/opinion/think/2020-11/24/content_76942999.htm，访问日期：2021/9/4.

了严重冲击。在这样的背景下，RCEP 成功签署后，将成为全球最大规模的自由贸易协定，这意味着中国企业面临着更加激烈的国际竞争。因此，中国企业在参与 RCEP 谈判时需要进行全面和深入的分析和研判，提高自身竞争力，尤其要避免出现被市场淘汰的结果。

RCEP 签署后，我国将会更加积极地参与国际经济合作。在贸易投资自由化的推动下，将会有更多的国家和地区与我国开展贸易和投资合作。在这样的背景下，我国国际收支规模和汇率水平将面临较大的不确定性。尤其是在疫情影响下，我国经济发展面临较大挑战，国际收支格局出现了一些变化。如果我国汇率政策调整不当，汇率大幅波动，将会对国内经济发展和出口企业带来不利影响。为了减少汇率波动对我国经济的不利影响，需要在制定政策时充分考虑市场因素和其他因素，加强对市场形势的研判。例如，在跨境资本流动管理方面，由于 RCEP 签署后我国将会进一步扩大开放，因此需要制定一些应对政策。同时还需要加强对宏观经济形势的分析和研判，及时了解国内外经济金融形势变化对市场可能造成的影响，从而为国内货币政策和财政政策的制定提供参考依据。

（四）金融市场的挑战

在 RCEP 谈判过程中，金融服务业开放是一个重要议题。《区域全面经济伙伴关系协定》(RCEP)对金融服务业开放做出了很多具体规定。例如，在金融领域要求成员国对市场准入作出承诺并对相关条款作出明确解释；在会计准则上要求成员国以更加透明、公平和透明的方式处理国际会计准则；在监管透明度方面要求成员国明确告知投资者有关信息以及提供信息的方式和渠道等。这些规则将进一步增强金融服务行业的准入限制和竞争限制等内容，将使我国金融市场面临一定的不确定性。RCEP 生效后将促使我国加快金融领域对外开放步伐，增加国内金融业对外开放程度和竞争程度，这对我国资本市场的稳定发展将产生不利影响。

RCEP 是我国首个由中日韩三国主导的自贸协定，该协定签署后，将会形成区域统一大市场，将为我国带来巨大的贸易投资便利化红利。但是，在 RCEP 中，虽然金融服务业开放程度很高，但其中一些具体条款对我国资本市场的发展也将产生不利影响。例如，RCEP 中的国际金融服务承诺表中规定："在缔约方境内设立或经营银行、证券公司、基金管理公司、期货公司、保险公司和再保险机构的外国金融机构不得再设立新的金融机构或在现有金融机构内增加资本。"这意味着，RCEP 成员国将会减少对外资银行和证券公司等金融机构的准入限制，从而增加国内银行业和证券业对外开放程度。此外，RCEP 成员国还将从经营年限、最低注册资本、资产规模等方面对外资银行的设立和业务开展进行限制。这将进一步增加我国金融市场的竞争程度，使我国资本市场面临更大压力。因此，在 RCEP 达成协议后，我国资本市场发展面临更大挑战和冲击。

第四节 RCEP 国际经贸新规则对中国发展的趋势研判

一、中国加入 RCEP 对国际经贸新规则构建的话语权考量

（一）中国将积极成为 RCEP 国际经贸新规则构建的主导者

在中国加入 RCEP 前，中国在亚洲地区遵循的国际经贸规则主要是 WTO 经贸规则体系，东盟 10 国与中国、日本、韩国、澳大利亚、新西兰各自签订经贸协议，制定协议规则。由于各国规则存在差异，且难以解决关税壁垒和非关税壁垒问题，导致中国与各国之间货物贸易水平相对较低。

在中国加入 RCEP 后，将作为"10+5"模式中的一员，享受到区域统一规则的便利，获准进入一国市场则意味着进入整个区域国家市场，可以大量减少国际经贸的行为成本，对于持续深化改革开放，从"引进来"转变为"走出去"的中国经济而言，有着巨大的积极效应。因此，中国企业和政府将会积极成为国际经贸新规则的参与者和执行者，进而促使中国积极成为 RCEP 这一亚洲地区国际经贸规则构建的主导者。

事实上，中国一直在主导 RCEP 的构建，如积极参与到 RCEP 前期谈

判中，并在签署协议后，率先批准加入 RCEP。实现了进一步改革开放，也实现了中国与其他成员国的共赢。

（二）中国引领 RCEP 成为国际经贸新旧规则冲突纠纷的主要解决者

RCEP 作为新成立的国际经贸组织，其开放性和优越性必然会对旧有的国际经贸规则产生冲击，旧有国际经贸规则的既得利益者无论选择对抗或者加入，都不可避免地带来国际经贸新旧规则之间的冲突纠纷以及规则之下的大国博弈。

中国加入 RCEP，将会以其强大的经济实力和政治影响力，吸引其他国家和经济组织向 RCEP 靠拢，同时也会带来 RCEP 与其他旧有国际经贸体系的冲突和矛盾。RCEP 要妥善处理和解决这些经贸规则冲突和纠纷。以中澳为例，中澳自由贸易协定的磋商效果不太好，而中国的自由贸易协定以前也没有出现过寻求第三方裁判的情况。澳大利亚当然可以选择去世界贸易组织申诉，但世贸组织的申诉机构目前基本处于瘫痪状态。另外，通过世贸组织解决争端可能要花费数年时间，即使这样也并不总是能顺利进行。RCEP 主要的争端解决机制实际在很大程度上借鉴了 WTO 通过成立争端解决专家小组对争端进行审理和裁定的机制。首先，两者都规定了磋商，专家小组程序和执行程序。其次，RCEP 和 WTO 实际都允许争端各方在任何时候同意自愿采取争端解决的替代方式，如斡旋、调解或调停。由此可见，友好协商地解决争议是在国际争议解决中一直占有一席之地。而 RCEP 第十九章第二条规定的争端解决目标是"为解决本协定项下产生的争端提供有效、高效和透明的规则与程序"。可见，RCEP 基本上延续了 WTO 的核心原则（平等、迅速、有效、双方接受）。

RCEP 下的争端解决机制对 WTO 机制做了诸多修改，更加重视解决争端的效率。具体来说，RCEP 与 WTO 机制不同之处包括：第一，RCEP 在多个方面缩短了时间。根据 RCEP 第十九章第六条之规定，被请求方在收到磋商请求之日后 7 天内就应作出答复。第二，成立专家组的权利完全赋予了成员国。RCEP 第十九章第十一条则规定，当设立专家组的请求被提出时，专家组就应当依照第十九章第十一条设立。第三，专家组报告的通过更加便利。在 RCEP 的争端解决机制下，专家组的报告无需等待 60 日由各缔约国组成的特定机构一致同意即可通过。第四，与 WTO 相比最大的不同是，在 RCEP 争端解决机制下，不再设立上诉机构。RCEP 第十九章第十五条规定："专家组的裁定和决定应当是终局的，并且对争端各方具有约束力。"RCEP 是中国与亚太地区其他国家进行谈判的唯一一个大型自由贸易协定（FTA）。尽管 RCEP 并未制定许多先进的解决成员国间贸易纠纷的规则，由于 RCEP 是一个很大的自由贸易协定，因此更容易实现多元化或减轻贸易紧张关系，并在 RCEP 的 10 多个签署国中找到公正的解决方案。

（三）中国巨大的经济体量是 RCEP 在国际经贸规则体系中获得话语权的力量背书

RCEP 签署后，中国邻近的东亚太平洋地区使中国全球贸易地域分布压倒性优势领先地位得到进一步加强。2022 年，中国与 RCEP 其他成员国进出口总额达到 12.95 万亿元人民币，占中国外贸进出口总额的 30.8%。中国对 RCEP 其他成员国非金融类投资达到 179.6 亿美元，同比增长 18.9%。中国实际利用 RCEP 其他成员国的投资达到 235.3 亿美元，同比增长 23.1%。2023 年海关总署公布了 RCEP 年上半年的"成绩单"。上半年，我国对 RCEP 其他 14 个成员合计进出口 6.1 万亿元，同比增长 1.5%，对我国外贸增长的贡献率超过 20%。中国毫无例外地成为 RCEP 其他成员国——东盟、日本、韩国、澳大利亚、新西兰——的第一贸易伙伴。党的十九大以来的 10 年，我国实行更加积极主动地开放战略。我国成为 140 多个国家和地区的主要贸易伙伴，货物贸易总额居世界第一，吸引外资和对外投资居世界前列。货物进出口总额年均增长 8.6%，突破 40 万亿元并连续多年居世界首位，吸引外资和对外投资居世界前列。2023 年上半年，在世界经济波动下行，外部环境更趋复杂严峻的背景下，中国经济持续恢复,总体回升向好。上半年中国经济同比增长 5.5%,经济恢复速度在全球主要经济体中处于领先地位。进入 7 月份,虽然部分经济指标增速有所波动,但总体延续恢复向好态势。8 月份以来,一些经济指标如中国制造业采购经理指数、中国大宗商品指数、中国电商物流指数等持续回升,经济回暖向好动力增强。2023 年 7 月国际货币基金组织发布最新《世界经济展望报告》,预计今年中国经济将增长 5.2%,对世界经济增长的贡献率将达到三分之一。毕马威发布的《2023 年三季度中国经济观察报告》指出,中国经济 2023 年有望实现 5.5% 的增长。党的二十大报告中提出要坚持高水平对外开放,加快构建以国内大循环为主体、国内国际双循环相互促进的新发展格局。我国会进一步提升对外开放的水平,形成更大范围、更宽领域、更深层次对外开放格局。中国强劲的经济表现与持续良好的投资环境使得中国市场越来越成为跨国公司的避风港。中国在全球化与世界多边贸易体制发展中将继续扮演重要角色,而且会坚定不移地向前推进。

二、RCEP 国际经贸新规则对标分析

RCEP 为我国在新时期对外开放提供了重要的平台,为我国对外贸易与投资布局的进一步优化做出了贡献。积极思考加入 CPTPP,则是中国贸易持续向国际高标准贸易和投资规则趋同的体现,可以帮助中国建立更高层次开放型经济新体制和促进经济外循环。CPTPP 全称"全面与进步跨太平洋伙伴关系协定",是美国在退出该协定后的一个新名称。参加"全面与进步跨太平洋伙伴关系协定"(CPTPP)谈判的 11 个国家代表于 2018 年 3 月 5 日在智利首都圣地亚哥主持了该协议的签署仪式。CPTPP 签字国包括日本、加拿大、澳大利亚、智利、新西兰、新加坡、文莱、马来西亚、越南、墨西哥、秘鲁等。本节比较了 RCEP 和 CPTPP 之间的重大区别。

一是贸易规则的适用性不同。由于 RCEP 涉及缅甸和老挝等较多中低收入国家,RCEP 多边贸易体制规则既追求质量又强调包容性,对不同成员国利益考虑较全面。RCEP 给最不发达国家以特殊和差别待遇并以经济

技术合作条款的形式援助欠发达国家。相比之下，CPTPP 贸易协定规则较为苛刻，对劳动与环境规则、竞争政策、国有企业、知识产权监管、互联网规则以及数字经济都制定了较高标准。但是还应注意到，一些高标准的规则对发展中国家的对外贸易形成某种程度的隐性壁垒。

二是关税水平的不同。在货物贸易中，RCEP 零关税的产品数量总体高于其他国家，主要表现为立即降税为 0 以及 10 年内关税降为 0，同时维持部分农产品配额。CPTPP 在"商品国民待遇与市场准入"一章中要求各成员国加速减让到零关税，总体上关税削减幅度比 RCEP 更高。另外，与分别签订的双边贸易协定相比较，协定中与关税有关的条款更全面一些，这不仅使得各成员国间形成了统一的关税取消规则要求标准，同时对特定成员国关税减让所许诺的关税优惠也会自动地给予所有其他成员国。

三是市场准入的不同。RCEP 采取正面引导与负面清单结合的条款，成员国都以负面清单的形式在制造业、农业、林业、渔业和采矿业等五个非服务业领域的投资中做出更高的开放承诺水平。CPTPP 完全采用负面清单模式。CPTPP 规定成员国除限制或者禁止公开的地区外，还应在金融服务、投资等一般自由化措施下进行全方位的公开。由于所需要的开放度和范围都较高，它在促进跨国投资方面发挥了更为有力的作用。

四是覆盖的领域不同。从内容覆盖度上看，RCEP 谈判领域与主题仍然是传统主题，规则受限。相比之下，CPTPP 在贸易框架内融入了更高程度的自由化规则，主要涉及知识产权保护、环境标准、劳工标准和国企改革等方面。如争端解决条款中采取设立磋商和专家组仲裁等方式来改进监督机制并提高争端解决效率。CPTPP 创新地为国有企业制定相关规则以保障竞争中立原则。

五是服务行业开放的不同。与 RCEP 相比较，CPTPP 在减少货物贸易成本的同时，对服务业和知识产权也有较高贸易标准的要求，促使成员国加大开放程度，给各方优势服务产业建立一个更加自由的国际市场。特别是电子商务一章，突出交易的数字性质并以合理、合法为前提，推动信息、数据向更广泛的领域流动与运用。同时注重数字贸易对数据的保护和其他规则运用有利于推动本地区数字经济发展。

综合分析来看，CPTPP 作为自贸协议较 RCEP 更为高级和更为苛刻。通俗地说，二者均以商品贸易为中心，最终目的均为零关税，仅在进展时间快慢及具体统计标准上存在差异。中国存在的缺陷是在服务贸易与投资领域，要达到 CPTPP 要求还需进一步开放与改革。特别是在知识产权的掌握上，中国应统筹本国经济发展并逐步推进，最终确立高规格知识产权保护体系。以服务贸易为目标，中国应更主动采取"负面清单"模式，并尽快由"正面清单"转变为"负面清单"，力争尽早对接 CPTPP，更紧跟时代步伐参与全球开放一体化建设。

第五节 中国如何应对 RCEP 国际经贸新规则

一、以"和平共处"五项原则为基础，加强 RCEP 成员国政治互信

RCEP 对中国而言，是改革开放"走出去"的重要一步。作为亚洲最大的经济实体，在主动遵守和执行 RCEP 的同时，也要积极成为 RCEP 规则的主导者和维护者，通过 RCEP 与亚洲各国实现共赢。要实现这一目标，需要中国在 RCEP 规则制定和国际政治中，坚持"和平共处"五项原则这一中国基本外交原则，增强 RCEP "10+5"成员国之间的政治互信，为 RCEP 的贯彻实施创造良好的政治环境，防止他国将 RCEP 规则政治化。

二、高度关注 RCEP 运行状况，进一步积极磋商，不断完善 RCEP 规则

目前 RCEP 规则处于初试阶段，各个国家正在陆续批准加入该协定。在 RCEP 正式实施后，还会根据国际经贸发展状况进行调整和完善，中国作为 RCEP 的积极参与者和规则制定者，需要时刻关注 RCEP 的遵守和执行状况，及时在下一轮调整和完善中提出切合实际，实现多赢的规则标准。

三、积极运用 RCEP 规则，挖掘海外市场，加强产业合作，打造 RCEP 成员国产业链

RCEP 规则明确降低了各成员国之间的关税和非关税壁垒，为成员国走进中国市场打开了大门，同时也为中国经济走出国门创造了有利条件。中国的企业和资本可以积极运用 RCEP 规则，充分挖掘海外市场，取长补短，加强产业联合和产业合作，在 RCEP 平台上打造跨国产业链，从而实现区域经济高素质增长。例如，加强与东盟国家在健康、教育、农业、旅游等领域合作，与泰国在中医药领域开展交流合作。实施"一带一路"战略，加快建设中马"两国双园"，扩大双向投资，推动产能合作。进一步完善贸易便利化措施，降低进口关税和非关税壁垒，继续扩大进口。同时用好、用足关税减让、原产地累积规则，积极开展中日韩自贸区谈判和中欧投资协定谈判。深入开展经贸领域的国际交流与合作，积极参与区域全面经济伙伴关系协定（RCEP）和中日韩自贸协定谈判，推动构建区域统一大市场。

四、通过 RCEP 规则建构，为加入 CPTPP 积累经验

RCEP 具有一定的局限性。纵观全世界产业链，中国与美国是其中重要一环，凡是排斥中国与美国区域贸易与投资协议就会面临效率损失。RCEP 成员国并没有包括美国这一许多产业最具效率和代价最小的提供者，取而代之的是成员国中效率比较差的其他国家，这在某种程度上导致资源配置扭曲。

在 RCEP 签字之后，国家主席习近平于 2020 年 11 月 20 日下午通过视频形式参加亚太经合组织领导人非正式会议并作了重要讲话。发言明确指出："中方将积极思考加入《全面与进步跨太平洋伙伴关系协定》。"可以看出 CPTPP 是继 RCEP 之后中国即将加入的又一国际经贸组织。

CPTPP 各成员国向亚洲外辐射，是中国打破洲际界限、参与国际经贸领域新秩序构建的主要平台。拜登政府执政后调整了特朗普政府的单边主义态度，如重新加入《巴黎气候协定》、表示再次支持世界贸易组织改革等，这些重大言论表明美国拜登政府在多边主义态度上发生了一些调整。是否回归 CPTPP，拜登政府的走向需高度关注。RCEP 签署结束，表明中国正充分参与国际经贸标准谈判。对标 CPTPP，中国还需要从经贸规则的层面进行进一步的改革，以创造新形势下更高的开放型经济新体制。抓住加入 RCEP 这个机会，首先，降低进口关税，搞好贸易便利化和投资便利化，促进货物贸易自由化；其次，积极采纳"负面清单"模式扩大市场准入范围；再次，全面推行"准入前国民待遇＋负面清单管理制度"，不断拓宽投资开放领域；又次，建立健全知识产权领域的立法。最后，深化国企改革，以竞争中立为原则，创造有利市场环境，增强国有企业核心竞争力。当前中国参与 CPTPP 面临着知识产权、劳工标准、环境保护、数据安全和国企地位 5 个技术性障碍，但这些障碍完全是可以克服的。中国仍需尽早开始参与 CPTPP 谈判，需加快推进有关方面的工作，应采取积极应对措施。

第四章　中国自贸区适用高标准国际经贸规则的机遇与掣肘

RCEP正式签订后，地区各国之间货物贸易、服务贸易与投资将向高水平开放，区域贸易与投资自由化、便利化程度大大提高。广西兼具沿海与沿边两大特点，作为有机连接"一带一路"的重要通道，要发挥"一湾相挽十一国，良性互动东中西"，同时地处RCEP覆盖区域中心的特殊区位优势，因此，RCEP协议的签署为广西多边关系发展与合作渠道拓展提供了全新战略机遇与挑战。RCEP对促进我国与东盟经贸往来，推动中国—东盟自由贸易区建设具有十分重要意义。因此，中国要主动抓住RCEP落地实施的新契机，勇于面对挑战，克服困境，加快建设成为RCEP区域产业链供应链的新节点。

第一节　对接RCEP等国际经贸规则的机遇

RCEP给中国带来扩大开放的契机。近年来，RCEP成员国之间贸易规模不断扩大，贸易结构不断优化，投资领域持续扩大，服务贸易快速提升。中国—东盟自由贸易区（CAFTA）也给华南片区的自贸区带来新的历史契机。RCEP的正式签订有助于各自贸区在国际国内区域经济合作中所处的地位与作用得到进一步发挥，也有助于各自贸区与"一带一路"建设进一步接轨，从而形成"深耕东盟，扩大RCEP，面向世界"全方位开放的新发展格局，为中国企业走出去开拓了市场，助力高水平开放和高质量发展。

一、发展机遇

RCEP 正式签订后,地区各国之间货物贸易、服务贸易与投资将向高水平开放,区域贸易与投资自由化、便利化程度大大提高。对陆海与东盟距离最近的广西而言,则是千载难逢之良机。广西作为中国—东盟合作的桥头堡,处于中国—东盟自贸区的腹心地带,处于华南经济圈、西南经济圈与东盟经济圈交汇之处,是向东盟开放的国际大通道,也是西南中南地区对外开放的新战略支点,更是 21 世纪海上丝绸之路与丝绸之路经济带实现有机对接的主要通道。广西自贸试验区应充分利用 RCEP 签约机遇,以制度创新为核心开展差异化探索,加快构建以国内大循环为主体、国内国际双循环相互推进的新格局,努力成为 RCEP 先行先试区。

RCEP 给广西跨境产业链的建设增添了契机。RCEP 签订将使广西和东盟之间在信息、产业、资本、人才等方面的更多资源加快流动,促进产业基础高级化和产业链现代化发展,有利于把电子产品、汽车、石化等众多领域产业链上的重要环节在广西安家落户,也是广西作为 RCEP 产业链上的一个重要环节。

二、具体规则带来的机遇

RCEP 代表了东亚 20 年来经济一体化发展的最大成就,协议包括序言、20 章和 4 个承诺表共 56 项附件,总计 14000 页,规模非常大,主题涵盖非常广。它涵盖了消除内部贸易壁垒,营造与改善自由投资环境,拓展服务贸易,保护知识产权,制定竞争政策等多个方面,对建设一个更稳定、更繁荣的东亚经济圈具有积极且深远的意义。RCEP 为各个产业的发展带来良好的机遇,大大降低了生产与投资成本,进而拓展获利空间。

商务部采取多种措施全力推动 RCEP 有关政策内容落地入企,一方面积极组织开展协定深入的宣介和培训,引导各企业发挥主观能动性,帮助其把握协定规则内容和吃透用活协定优惠政策,把握原产地累积导致的贸易扩大机会,并协调当地海关引导其熟练运用原产地证书申请手续和证明材料要求。指导中小企业深入分析原产地累积规则给拓展中间品生产与贸易所提供的机会，有利于中小企业善用门槛降低后的优惠政策，有的放矢地拓展生产与贸易规模并拓展受益。同时也要做好宣传解释工作，让更多人了解协定涉及的知识产权保护问题，从而树立良好的出口产品形象，进一步加强服务保障能力。引导企业主动适应协定实施以后环境更开放、竞争更充分的新情况，对标国际先进产业水平、提升管理水平、改善产品质量、增强参与国际合作竞争的能力。

RCEP特定规则对中国发展的契机体现为：首先，关税减让安排有利于维护和增强产业出口竞争力，推动广西产品出口并增加国际贸易机会以及开拓日本、韩国、澳大利亚等国际市场。其次，原产地累积规则激励了地区中间品的利用，有助于扩大地区投资和地区轻工供应链体系的建设。再次，服务贸易和投资协定，RECP成员国都采取负面清单方式，并在更高程度上公开承诺投资，从而增加投资政策的透明度，降低投资壁垒，简化审批程序，为改善投资环境提供新的机会。又次，服务贸易模式的进一步革新，各成员国之间为商务管理人员国际出行开通了绿色通道，促使国家之间金融合作机会显著增多。最后，推动贸易数字化、便利化。

关税减让安排促进了中国产品的出口并打开了韩国、澳大利亚和日本的国际市场。以作为面向东盟的桥头堡广西为例，据悉，2010—2020年间广西和RCEP其他成员国的双向投资达到112亿美元；贸易额由原来的88亿美元上升为390亿美元，贸易额增加4.4倍，占广西对外贸易额的比重达到55.5%。近年来，RCEP区域经济一体化进程加快，中国—东盟自由贸易区全面建成，为我国参与全球产业链分工创造了良好机遇。作为世界上最大的发展中国家和新兴经济体中的一员，广西正面临着前所未有的发展机会。RCEP地区已经成为广西最大的"走出去"投资目的地，也是广西外资来源地的第三位。广西壮族自治区商务厅公布的数据显示：2021年1—8月份广西外贸进出口总额为3928.9亿元（人民币），其中向RCEP各成员国的进出口总额为2161亿元，比上年同期增加31.4%，取得了高速发展。据南宁海关统计，2021年1—8月份广西与东盟进出口总额为1891.6亿人民币，在广西对外贸易总额中比重为48.4%，增幅为32.4%，继续居广西贸易伙伴首位。从RCEP的其他成员国来看，广西与澳大利亚的进出口总额为149.2亿人民币，比上年增加29.9%；与日本的进出口总额为58.7亿人民币，比上一年增加13.3%；与韩国的进出口总额为56.1亿人民币，比上年增加19.9%，与新西兰的进出口总额为5.3亿人民币，与上年增加89.7%。2020年RCEP正式签订以来，我国区域贸易与投资环境得到进一步完善，促进了贸易投资自由化与便利化，也给中日韩澳新等国家经贸合作提供了新契机。以2021年博览会上举行的中日韩企业交流活动为例，深入探讨RCEP框架内的合作发展问题，对于进一步推动中日韩政界与商界之间的沟通互动，加深中日韩经贸合作都有着十分重要的意义。

掌握原产地累计规则和具体操作方法，并与进出口来源相结合，充分发挥规则所产生的优惠活动。原产地累计规则将有助于中国企业进行区域布局并优化建设一批新型产业链、供应链、价值链以及各参与主体间信息、产业、资本、人才、技术的流转，促进产业基础高级化和产业链现代化发展，助力电子产品、汽车、石化等多领域产业链重要环节发展。与此同时，还能给商家带来更广阔的市场，将国内外两大市场，即两大资源较好地连接在一起，在各个领域打开新局面。例如原产地规则对于广西纺织服装企业赴东盟贸易、投资以及供应链布局等方面都有着十分明显的指导作用。以区域经济一体化为抓手，带动更多实力雄厚的中资企业"走出去"，带动广西产品出口量的增长。

服务贸易与投资协定（RCEP），创造了一个统一、透明的投资环境，有助于加强贸易投资与产业协同，减少贸易与投资壁垒，建立统一大市场，促进广西企业资源最优配置与国际化布局。第一，贸易和产业。协调区域内外贸易，协调出口和进口，协调贸易和产业之间的关系。利用RCEP优惠关税措施并与进出口产品相结合对关税减让承诺进行了专门研究。第二，搞好产业对接。构建跨区域产业链供应链，将"一带一路"与区域相连。

强化与长三角及大湾区产业对接,利用资源禀赋及比较优势培育利益共享产业链、供应链。利用已有的产业集群或者工业园和重要的国际采购商共同吸引龙头企业入驻。

此外,RCEP帮助拓展了中国—东盟博览会为RCEP服务的职能。习近平总书记提出,"用足、用强中国—东盟博览会平台功能,在中国与东盟和东亚地区经贸合作的整体发展中起到更大的推动作用。"这是对中国与东盟自由贸易区(CAFTA)合作提出的新要求。RCEP在推动区域经济一体化进程中扮演着十分重要的角色。如何利用这一国际平台扩大双方合作?拓展中国—东盟博览会的服务功能,应着重做好两方面的工作。一是增强展会自身吸引力。通过扩大宣传力度、提高服务水平等途径,不断提升RCEP在我国对外交往中的影响力。在博览会中加入RCEP元素。中国—东盟博览会成功地进行了为RCEP服务,并自愿邀请RCEP其他国家参加会议。例如澳大利亚和韩国都是部级官员带队与会并作为特邀合作伙伴,而日本的贸易复兴机构和大韩的贸易复兴公社多年来都组团参加了此次展会,新西兰的买家更是踊跃出席。在此基础上,澳大利亚维多利亚州、日本熊本县和韩国忠清北道的地方政府也曾连续几年组团参加了展览与会。接下来,可加大RCEP的合作投资和贸易促进活动的力度,比如RCEP全国推介会、商品贸易对接会、服务贸易对接会、第三方产能合作研讨会、RCEP和陆海新通道商机说明会。RCEP合作高层论坛也可加入。例如,RCEP经贸部长非正式会议、RCEP经贸合作高级研讨会、RCEP工商峰会、RCEP投资合作论坛等等,这些都是RCEP经贸发展的重要议题。扩大中国—东盟自贸区(CAFTA)框架下RCEP的覆盖范围;以中国—日本—韩国自由贸易协定谈判为契机,积极推进双边经济关系升级。拓展RCEP中与货物贸易有关的内容。同时针对RCEP的合作过程及热点问题,规划了政要及商界领袖参与的与RCEP有关的高层对话,政商对接,实现了更加广泛的合作领域与更加多层次的沟通。二是,以博览会为契机,组织RCEP全产业链展会。博览会构建了集展览展示、贸易配对、项目牵线搭桥、政策宣讲、资金融通、信息服务、技术转移和产品配套于一体的企业展会价值链。下一步，可结合 RCEP 产能合作重点和潜力领域（如电子信息、电力、机械、石化、建材、纺织服装），打造更具专业性和个别的全产业链展会，将行业产业链中的商家请进广西的家门口。

推进贸易数字化、便利化，建设以 RCEP 为导向的工业互联网平台。工业互联网就是要使生产全环节、全要素和全产业链互联互通，使制造资源达到最优配置。RCEP 签订使该地区企业能够实现生产资源较大规模优化配置和提质增效，降本减存，促进地区产业重组。当前，工业互联网在世界范围内尚处于起步阶段，我国工业互联网平台国际化水平不高，无法充分满足 RCEP 行业重组需求。这对于广西来说既是一次全新的挑战，又是一次全新的机遇，必须把握这一潮流，适应智能化、数字化的发展潮流，促进现有及潜在供应商进行生产流程的改造与升级，实现原材料采购数字化管理并提高批量生产与供应的功效，重点建设或导入以 RCEP 为核心的工业互联网平台。

第二节 中国对接 RCEP 等国际经贸新规则的挑战

一、RCEP 高门槛带来中国企业走出去困境

因为 RCEP 对关税及非关税壁垒的减少或消除所做的种种承诺或规定，有利于构建一个"域内"比较透明、公正的贸易合作环境。从而也就极大地降低了企业入域各国的"门槛"，给中小企业对外贸易的发展提供了足够的契机。例如，广西和海南作为欠发达地区，中小企业发展也不同程度滞后于发达地区。目前，就内部生产环境来看，我国的中小企业存在着生产技术水平欠缺、盈利能力不足、缺乏创新动力、高技术人才紧缺等方面的问题，也即是中小企业存在的共性问题，广西以及海南中小企业同样存在上述问题。不仅如此，就算广西、海南的中小企业已经得到了政府、金

融机构等部门的关注和支持，但由于自身存在着融资环境不佳、缺乏畅通的融资渠道、融资困难等难以克服的问题，这些问题导致了中国企业在对接 RCEP 等国际经贸新规则时面临着一定的困境。

二、其他成员国更有利的贸易政策导致贸易竞争加剧

比如，菲律宾已允许外国投资者对电信、航空、航运和铁路等公用事业的所有权达到 100%，并使其在电力分配和传输、机场、港口、供水管道和污水管道、公路和高速公路和公用汽车等领域拥有 40% 的股权。政府同时也削减了对外资零售公司的最低投资额度，由 250 万美元降至 1 百万美元，并且废除了外资零售商在过去 5 年内必须经营零售业务或者在全球范围内有 5 家零售分支机构的预先审核。关于简化手续方面，印尼废除了《外国工人利用计划》中不超过三个月期限的合约规定，并放松了申请雇佣外籍劳工的新技术公司的工作许可证手续。柬埔寨则已经制定了一套新的投资奖励办法，对新的投资者进行担保，并改善了注册过程。印尼成立了新的投资司，使投资协调会得到加强，也使在国内经商变得更加容易。

三、各国规则的多样性导致法规政策整合对接难度大

东盟各国的稳定性发展以及其自身自由化发展在很大程度上决定着 RCEP 的成败。如何促进各成员国尽快落实该协议成了最大的问题。东盟国家需要加强自身的发展以及努力与各对话国进行合作，才能在短时间内建成经济共同体。中国处于与东盟合作的桥头堡，面临着众多的发展区域带来的规则的多样性，广西与东盟各国对 RCEP 等新经贸规则对接和整合难度大。

四、部分自身产业链比较单一和薄弱，难以很快适应高质量的 RCEP 等国际经贸新规则

我国目前部分自身产业链比较单一和薄弱，存在着产业链短、集群效

应弱的困境，造成边境贸易缺乏强大的产业技术支持，以及没有意识到也没有利用边境小额贸易的优势发展自身生产加工商品发展边贸，造成了边境贸易仅仅是"穿岸而过"，很少能在广西边境进行加工生产，导致边境贸易如果想增加输出，赚取微薄的代理报关费用成了主要需求。同时，边境贸易增长动力不足，究其原因，中国与越南两地的主要产品在结构上虽存在互补性，但也存在着竞争性，同时产品的附加值也比较低。此外，由于边境贸易缺乏强大的产业技术支持，过境的商品很难落地加工，这也限制了边境贸易经济的发展。再者，边境贸易的顺利发展，离不开完善的结算制度，促进提升边贸发展水平渠道之一——建立成熟的银行结算机制。但现实情况却是，因边境地区的银行结算业务发展较为缓慢且不够完善，导致了在边境贸易中，具有交易便捷特点的地下钱庄成了主要的结算交易方式。但由于缺乏必要的法律保障，地下钱庄结算方式具有很大的法律风险，当事人的合法权益无法得到保障，也不利于边境地区的贸易正常发展。我国自身产业链单薄、边境贸易增长动力不足、边境贸易结算机制不够健全等现状，在一定程度上有碍于我国适应高质量的RCEP等国际经贸新规则。

第三节 中国对接RCEP等国际经贸新规则的现状

一、中国对接RCEP等国际经贸新规则的现状

RCEP的签署为中国大力发展多边关系、拓宽合作渠道提供了全新战略机遇。改革开放40年来，特别是党的十八大以来，经济持续健康快速发展，RCEP签订给我国带来巨大机遇，同时也使其面临严峻挑战。中国将抓住RCEP签订的机遇，重点实施开放带动战略，深度融入RCEP，加快构建以"国内大循环"为主体，"国内国际双循环"相互促进的发展新格局，推动产业基础高级化、产业链现代化，产业发展催生大量商机。

同时，广西自贸试验区于 2019 年 8 月 30 日挂牌成立，拉开了广西新一轮开放发展的序幕，构建了广西与国际经贸新规协 RCEP 自贸区对接的平台优势。而 RCEP 是目前世界上最重要的自由贸易安排之一，也是我国与东盟国家签署的第一个自由贸易区协议。如何利用 RCEP 加快推进广西对外开放进程成为当前亟须解决的问题。为了进一步服务广西自贸试验区的发展，8 月 22 日，由中国贸促会设立的"自贸协议（广西）服务中心"已经提前批准设立，自设立以来，该中心以中国—东盟商业投资峰会为架构，充分利用"中国—东盟商事法律合作研讨会"这一合作平台和中国贸促会关于自贸协议下 RCEP 优惠原产地证发放、原产地规则研究等领域的大量经验与资源，开展了区域 RCEP 原产地证发放、RCEP 原产地规则适用、中国与全球 RCEP 网络关税规划等工作、广西相关企业对接、RCEP 原产地规则制定、RCEP 原产地证推广、RCEP 原产地法应用、RCEP 原产地法网关税规划、RCEP 原产地政策制定、RCEP 相关政策制定等方面取得了丰富的实践经验和经验。

中国对接 RCEP 等国际经贸新规则，拥有着区位优势、政策优势以及多种类似自贸区及 FTA 的平台优势的同时，也存在着自身的一些短板，例如，因产业规模偏小，自主培育的大企业"低、小、散"问题突出，科技创新、自主研发能力低，产业链条短，研发经费投入不足，产业内部结构单一等现状导致产品竞争力弱的问题，以及技术水平偏低、赢利能力不高、企业创新能力不足、技术人才短缺等方面是中小企业缺乏竞争力的共性问题，专业人才储备不足也是导致企业竞争力不高的原因之一，这些都是我国对接 RCEP 等国际经贸新规则面临的现实困境。

二、中国对接其他自贸协定的现状

对接中国—东盟自贸区协定的现状。2019 年 8 月 20 日，《中华人民共和国与东南亚国家联盟关于修订〈中国—东盟全面经济合作框架协议〉及项下部分协议的议定书》正式生效，该协定是对原协定的丰富、完善、补充和提升，与此同时，这也是我国在现有的自贸区基础上完成的第一个升级协议。这不仅体现了我国与东盟在深化以及拓展双方经贸合作关系的共同愿景，在现实方面，也给双方的边境贸易以及企业带来了更多的优惠政策。其中，零关税政策已覆盖了中国—东盟自贸区90%~95%税目的产品，并通过升级原产地规则和贸易便利化措施，放宽了门槛，让原产地证书申领对象范围扩大，释放区内的经贸潜力。例如，2019年8月，广西首份中国—东盟自贸协定新版原产地证书诞生，相关部门将进一步研究中国—东盟升级版的原产地规则，对比变化内容，快速做好政策宣传，鼓励更多生产商主动利用政策促进出口，让更多的中国产品走出国门，享受中国—东盟自贸协定关税减让红利。

对接中国—韩国自贸协定的现状。中国和韩国于1992年正式建立外交关系，两国的经济得到了迅速的发展，在双边贸易上也如火如荼地进行着。2005年双边贸易额第一次突破千亿美元关口，之后五年保持着良好的发展势头，2010年双边贸易额创历史最高纪录，超过2000亿美元。随着两国间政治关系不断改善以及经济合作不断深入，两国经贸关系发展迅速。2012年中国—韩国自贸区（FTA）启动后，两国经贸合作进入新阶段。2018年中国—东盟自由贸易区成立。然而，在两国之间频繁经贸往来的背后是收支不均、结构不平衡、贸易摩擦时有发生。2020年，中韩自贸协定自2015年11月20日起生效，首次实现降税。自《协定》生效至今，双方共削减关税6次，零关税贸易额的覆盖率达到55%多，优惠关税的利用率不断提高。当前，我国作为韩国最大的贸易伙伴国，进口来源国及出口对象国，而韩国则作为我国的第三个主要贸易伙伴国，最大的进口来源国以及最大的出口对象国。[①]

[①] 中华人民共和国商务部办公室，《中国—韩国自由贸易协定》第三次联委会积极评价协定实施情况，http://www.mofcom.gov.cn/article/news/202008/20200802989755.shtml，2020年8月5日．

对接中国—澳大利亚自贸协定的现状。2015 年 6 月 17 日，中澳自由贸易协定（FTA）的顺利签订，是一个水平高、质量好的协定。该协议包括货物贸易、服务贸易及投资共 14 项内容。从服务贸易水平上看，澳大利亚是全球第一个以负面清单模式向我国作出服务贸易承诺，而中国则以"正面清单"模式兼顾澳大利亚电信、银行、教育、法律及建筑行业的需要。此外，中澳政府还签订了一系列税收优惠协议，为两国企业提供便利条件。另外，双方都制定了相关政策鼓励服务业发展。此外，中国也将进一步加强与澳大利亚的合作关系。因此，设立中澳自贸区将给两国之间服务贸易带来深刻影响。[①] 一是为两国金融合作带来更大机会。金融合作作为两国重点项目之一，除自贸协定中的金融开放承诺外，双方在其他金融领域如银行、证券和反洗钱领域达成了协议。二是推动深化两国教育服务合作。近年来中澳教育合作日益扩大，中国已成为澳洲留学生的第一大来源。然后，带动运输业、电信业等行业发展。最后，推动两国在投资方面便利化。

衔接中新自贸协定现状。中新自贸协定（FTA）是中国同发达国家达成的首个自贸协定，已于 2008 年正式签订并生效。其主要内容包括货物贸易自由化和服务贸易便利化两个方面。其中，货物贸易领域将全面取消所有关税壁垒和非关税措施，而服务业领域的相关开放仍在研究中。具体承诺有哪些？按照协议，中国向新西兰出口所有货物均实行零关税，中国对新西兰进口货物实行零关税。统计数据显示，2008—2020 年间两国的双边贸易额在 12 年间由 44 亿美元上升到 181 亿美元，年均增长率达到了创纪录的水平。

中国也连续多年成为新西兰第一大贸易伙伴、第一大出口市场和第一大进口来源地。商务部部长王文涛与新西兰贸易和出口增长部长奥康纳分别代表中国、新西兰政府，于 2021 年 1 月 26 日，通过视频方式正式签署《中

[①] 李俊锋. 中澳自贸区的建成对两国经济贸易的影响及对策 [J]. 对外经贸，2017（01）：4-6+11.

华人民共和国政府与新西兰政府关于升级〈中华人民共和国政府与新西兰政府自由贸易协定〉的议定书》（以下简称《升级议定书》），这次全面升级重点是对标 CPTPP（全面与进步跨太平洋伙伴关系协定）规则，推动中国更好适应高水平高标准国际规则，以开放促改革、促发展，有助于进一步加大我国整体制度型开放力度。

第五章　中国对接高标准国际经贸规则的路径保障和法治保障

第一节　路径保障

一、按协议规则进行顶层设计

中国要结合RCEP在以下几方面有所侧重并加快步伐：一是加快区内核准程序的完成，进一步放开服务贸易、货物贸易、投资和自然人移动的范围，推行标准更高的规则。二是抓紧出台对区内港口关于关税减让、简化海关程序和原产地规则的执行措施，以促进货物贸易零关税发展。履行知识产权全面保护的承诺，著作权、商标、地理标志和专利都要纳入保护范围。建立完善的自贸区法律体系，为自由贸易试验区建设打下坚实的法制基础。加强与东盟各国政府及相关国际组织沟通协调，争取早日签署《中国—东盟自由贸易区协议》。推动形成全方位对外开放格局。三是主动建立平台与渠道，为中小企业跨境电商共享信息、经验与最佳实践案例等，并资助跨境电商企业积极参与区域及多边论坛活动，推动跨境电商实现更高质量的发展。四是促进产品的差异化和多样化。通过扩大市场准入和产业开放，提高区域内企业的竞争力，促进企业向价值链高端攀升。进一步降低关税和非关税壁垒，促进货物、服务、投资等各类要素流动，培育区域内竞争新优势。五是加快推进RCEP区域内规则标准的对接。在此基础上，以RCEP为依托，加强与各国在数字经济、电子商务、绿色发展等领域的合作，加快建设区域数字经济和绿色经济合作的规则和标准体系，不断完善区域内投资环境，提高区域内的贸易投资便利化水平。六是积极参与 RCEP 相关规则的制定。一方面要深度参与 RCEP 相关规则的制定，另一方面也要在此基础上积极参与相关规则的评估和修改。七是加快推进 RCEP 后续谈判进程。这方面工作包括：全面准确理解并用好 RCEP 有关内容；在货物贸易、服务贸易、投资等领域达成更多高质量的成果；持续完善电子商务规则和标准体系；推动《区域全面经济伙伴关系协定》（RCEP）尽快生效等。

此外，中国还应主动参与 RCEP 谈判进程，努力维护中国在相关领域的核心利益。RCEP 谈判是中国推动构建开放型世界经济、维护多边贸易体制、构建人类命运共同体的重要体现和重要贡献。在新冠肺炎疫情仍在蔓延、全球经济复苏前景不明的情况下，中国应继续发挥自身优势，积极参与和推动 RCEP 谈判进程，努力推动区域内经贸规则与标准的制定和完善，为促进地区经济复苏和繁荣发展作出应有贡献。

同时，我国要积极做好自贸试验区 RCEP 先行先试工作。鼓励自贸试验区在人员货物通关便利化、原产地区域积累、国际贸易"单一窗口"建设、跨境运输标准化、跨境人民币结算、服务贸易和投资领域开放等各方面大胆先行先试、率先实现同 RCEP 国际合作的深度融合等方面着力取得多项改革创新成果。同时强化 RCEP 的研究和预警机制的建立。积极开展与 RCEP 规则相配套的外经贸增促机制研究。研究当前外经贸政策法规与 RCEP 相悖之处，寻求正当合规推进外经贸发展之策，并搭建预警平台及相关机制以强化试验区应对 RCEP 国家经贸投资的风险防范。

二、深化投资贸易管理制度改革，不断优化营商环境

继续改革商事制度，继续精简审批流程。继续深化投资贸易管理制度改革，提高政府服务水平，有效减轻企业负担。加大创新力度，提高自主创新能力，培育新动能。构建符合 RCEP 条款的政策体系并着力提高本地区投资环境竞争力和国际优质外资吸引力。同时，大力实施"证照分离"改革全覆盖，加强事中事后监管，推进"双随机、一公开"监管，打造市

场化、法治化、国际化营商环境。深入实施知识产权战略，深入推进国家知识产权试点示范城市建设。统筹发展和安全，坚持底线思维，加强风险防范，有效应对重大突发事件。加强政府债务管理，守住不发生系统性金融风险的底线。

具体来说，第一，要加快中国—东盟经贸中心建设。为中国与东盟企业开展经贸合作、项目引进、市场拓展、跨国技术转移交易提供方便、有效的一站式服务。进一步发挥南宁市作为重要门户城市作用。积极推进中国—东盟自贸区（CAFTA），并将其建成世界一流的自由贸易园区。以自由贸易区（FTO）升级为契机。大力实施开放战略。打造南宁全球贸易港，促进东盟国家建立中国多品类常态化的货物展示和交易采购中心。第二，构筑双向投资高地。打造国际投资"单一窗口"，搭建投资促进、政策咨询和业务处理一体化服务平台等。全面利用 RCEP 和其他经贸新规则强化产业振兴招商引资。深化同东盟及"一带一路"国家和地区国际合作。增强"走出去"风险保障平台的综合服务能力。要进一步放宽利用外资的准入领域，努力提高利用外资的质量和效益。第三，优化营商环境。加强制度保障，健全事中事后监管体系，降低市场准入门槛，推进审批便利化；加大对服务业开放力度，积极扩大服务业对外开放。第四，全面扩大开放。继续放宽外商投资准入领域。进一步减少外商投资领域负面清单数量，把简政放权与负面清单的实施紧密结合起来。实施开放共享战略。进一步搭建完善的外资招商平台，深化国际产能合作，提高对外投资与合作水平。进一步创新服务举措，健全对外招商服务机制，促进以商招商和产业链招商。

三、进一步推进内外贸一体化，建立跨境贸易产业链

一是以地缘优势为基础，以东盟为导向，探索制定一体化发展的标准体系和内外贸一体化项目，推动内外贸政策法规、监管方式、经营资质、质量标准、检验检疫和认证认可的衔接。构建并做强一批内外贸一体化边贸市场，打造高质量本土特色品牌，构建跨境贸易产业链。加强与周边国

家之间的经贸联系，拓展国际合作领域，提高企业参与国际竞争水平。同时积极推动与越南、老挝、柬埔寨等国家以及欧盟等世界主要贸易国进行经济技术交流，实现互利共赢的局面。二是实施标志性的跨境产业链"建链"活动。就电子信息产业、汽车产业、化工新材料产业和中药材加工产业而言，发挥港口和口岸的优势，与产业链深度融合。培育一批具有国际竞争力的战略性新兴产业，推动高端制造业向价值链中端的高附加值环节攀升。发挥园区示范带动作用，引导产业园区集聚更多先进制造技术和装备。积极承接国际产业转移。三是要加强产业链协同创新。把中国自贸试验区打造成服务中国、服务东盟的科创中心、人才基地。以服务标志性产业链、重点产业集群为重点，加快面向东盟战略科技平台引进与布局，打造跨境产业链双向离岸创新平台和"创新飞地"。四是要推动产业链上、中、下游联动。以龙头企业为基础，归类形成产业链上下游企业共同体。优化产业配套半径，鼓励中小微企业以大企业的生产需求为中心，提高协作配套水平，推动大中小企业融通发展。五是要完善跨境贸易金融服务体系，鼓励金融机构探索创新跨境贸易金融产品和服务。建立健全跨境电子商务风险防范机制，加强对跨境电商行业的监管力度，引导跨境电商企业规范经营。加强知识产权保护和运用，营造良好的营商环境，促进国际贸易高质量发展。

四、进一步推动金融门户开放，促进金融合作便利化

应进一步创新跨境金融，加快构建面向东盟人民币跨境结算、货币交易及跨境投融资服务体系，以吸引面向东盟人民币跨境资金结算登陆中国。加大政策扶持力度，推动区域内银行间业务合作发展。支持中国企业"走出去"，开展国际融资租赁等新业态服务。加强与东盟国家之间的双边投资便利化合作。构建中国—东盟跨境征信平台以提高我国征信服务质量。发展大数据金融、打造金融大数据交易中心等措施为中国与东盟经贸合作提供准确、可靠的信息。

加快改善针对东盟跨境金融基础设施。发展供应链金融，在风险可控

的情况下鼓励供应链金融和重点产业链深度融合。健全跨境金融创新风险防控制度。强化对金融机构的监管和服务力度。积极推进人民币国际化进程。大力创新跨境金融产品，打造跨境投融资产业生态。

五、进一步完善跨境物流体系，畅通西部陆海新通道

应加快国际门户港建设，建立统一高效的调度平台和信息系统，激励物流、工业和金融产业共同参与智慧港口建设。大力建设口岸，全面推广"单一窗口"访问和数据共享。完善基础设施体系和配套设施，提高运输效率，促进公路网和铁路网的互联互通，减少跨境物流运输成本。加强"一带一路"沿线国家商贸物流企业、电商企业对接，鼓励跨境电子商务、仓储物流等平台企业与相关国家加强合作，积极开展国际物流业务，形成集聚效应，不断拓展国际物流新通道。创新合作模式，推动建设一批海外仓。充分利用各种信息服务平台，加强与重点国别市场对接交流，积极开展国际营销。促进通关便利化，积极推进"单一窗口"建设。推广应用国际贸易"单一窗口"标准版及外贸综合服务企业平台。加强与口岸查验单位信息互通、联合执法，提升口岸通关效率。依托铁路运输、公路运输和水路运输开展多式联运，优化货物运输方式结构，推广应用电子运单、电子提单、无纸化单证等电子化单证。

具体来说，一是要健全西部陆海新通道的海铁联运物流体系。努力弥补各港口基础设施的不足。加快建设港口多式联运设施，促进港区集疏运通道和区域铁路、公路等骨干网络相互衔接，畅通多式联运最后一公里。二是发展跨境陆路运输。例如充分发挥广西在中越边境地区的地缘优势，构建面向东盟、连接亚欧非三洲国际大通道，形成中越间经济合作区。推进桂越通关一体化改革，实现通关便利化目标。健全中国—中南半岛跨境陆路交通体系，推进泛亚铁路、高等级公路、边境口岸和信息网络等骨干基础设施通道同步发展。积极建设"中国—中南半岛"跨境交通综合信息服务平台，不断完善沿线物流配套设施，增强服务保障能力。三是积极推进航空物流。以各大中城市为枢纽，编织通达全国各大城市及东盟国家航空物流网络，并积极开展国际航空物流。以东盟为对象，提高物流运营水平。开通以广西作为始发地直达中欧班列，吸引较多东盟国家供应经由跨境铁路和公路经由广西与中欧班列对接。促进大宗货物运输"公转铁"和"公转水"；推进多式联运"一票制"改革。四是提升现代物流业发展水平。加大对中西部地区特别是中部和南部沿海地带的投资力度。积极承接东部沿海地区产业转移，打造内陆开放型经济高地。五是在物流枢纽中扩大节点功能。加快提升中新南宁国际物流园、南宁临空经济示范区、南宁国际铁路港、钦州港多式联运基地、中国—东盟智能公路港、凭祥铁路口岸物流中心重点枢纽节点功能。加快经中国与东盟各国基础设施互联互通。加强对境外海关监管制度和流程的改革创新，进一步降低企业运行成本。积极发展保税仓储及保税物流配送中心等现代物流业集聚区。六是加大政策支持力度，落实物流枢纽节点无缝转运行动计划。积极推进我国东盟自由贸易区（CAFTA）建设。发挥自贸区对发展国际经济合作和国际贸易的引领作用。七是创新构建面向西南开放战略大动脉。

六、加强专业人才培养

一是加强培养小语种法律人才。我国东盟小语种法律专业人才十分匮乏，各高校要大力加强东南亚小语种法律专业人才培养。法律院系可以与外语院系合作着手培养法律+小语种本科及研究生人才。二是主动担负起东盟国家法科留学生培训的使命。目前在中国—东盟各国开展的国际法学教育主要以汉语教学为主，而在越南、泰国等东南亚国家开展的法学专业教育则相对较少。各高校要积极主动承担国家教育部门立项的有关项目，继续着力提高东盟国家法科留学生培养质量，造就高素质国际型法律人才，各高校也要积极承担国家教育部门立项，利用留学生校友作用，助力中国—东盟法律合作。高质素地构建东盟法的研究组织。要增强研究机构的针对性和实效性，强调对重点国家进行国别研究和为各国对外工作大政方针服务的应用性。研究机构要加强同东盟国家的同行交流与合作，加大对新兴法律领域、跨国商事争议仲裁协调和企业投资保护热点问题的研究投入，努力产出高质量的精品成果。三是加大师资力量建设力度，为学生提供更好的学习环境。同时还要提高教师待遇，吸引优秀师资到教学第一线工作。四是建立专门人才培养机构，加强行业人才保障。落实推进自贸试验区人才聚集相关举措。鼓励各类高等学校和中等职业学校为中国自贸试验区培养优秀人才。以广西警察学院为例，目前，学院已开设广西唯一国际经贸规则专业（普通本科），专业培养具备国际经贸规则专业知识，精研国际贸易规则，了解东盟国家经贸规则，掌握国际经贸规则专业技能，具备一定程度的国际经贸规则实践能力和创新能力，能在与商务、海关、经济犯罪侦查、东盟事务和对外贸易有关的政府部门、司法机关、仲裁机构、律师事务所、国际贸易机构和企业等单位工作的涉外型、应用型和复合型法治人才，这将为中国自贸试验区输送人才提供有力保障。

第二节 法治保障

一、进一步优化国内纠纷解决机制

（1）简化法院立案程序及审理过程。在涉外经贸案件中，影响法院办案效率的主要有以下几个环节。

第一，立案环节。立案难一直是困扰我国司法发展的一大难题，涉外经贸案件也是如此。目前，我国实行立案登记制度。当事人要先将起诉材料提交到立案庭，由立案庭来审查案件是否符合受理条件。对符合起诉条件的，当场接收案件材料并予以登记立案；对不符合立案条件的，视具体情况处理：对于案件材料不满足形式要件的，应当告知当事人在法定期限内予以补正；对于案件材料不满足实质要件的，应当裁定不予受理。很显然，我国在立案环节采用的是形式审查与实质审查相结合。但在实践中，各地法院对立案实质审查的标准在把握的宽严程度上是不同的。而且涉外经贸案件的审查尤为繁杂，不仅因为"一带一路"、RCEP 等区域合作关系建立带来案件数量激增，更因为涉外经贸案件可能提出一些新型纠纷或新兴权利，在现有立案条件不甚详明的情况下，个别法院可能对《民事诉讼法》相关条款作出过于僵化的理解，损害当事人的诉权。

"立案难"究其根源，是我国设置的立案条件门槛过高，原有立案模式下的实质审查，既缺乏效率，又可能损害公平。适当降低审查门槛，采用形式审查，或简化实质审查条件，虽然在一定程度上会削弱法院的立案审查权，但有助于实现程序公正，缩短立案审查时间，预防"有案不立"的发生，相较而言利大于弊。

第二，审理环节。计算机技术的发展为提高法院审理效率提供了新的可能。例如，在庭审方面，运用远程审判系统和远程案件评议系统，有助于法官异地办案，较传统的派出法庭更节省人力物力并且高效。在审判执行方面，针对海事纠纷中的大量涉船案件，可以开发船舶数据分析系统，提高精准度和安全性。还有国际贸易纠纷中占比较多的无单放货类案件，可以开发相应的智能辅助办案系统。在审判管理方面，"智慧海事法院（上海）实践基地"正在探索推进云计算、大数据、人工智能领域的新技术与审判业务深度融合，运用科技力量提高司法行政能力，提升司法保障水平。[1]

---

[1] 上海海事法院涉"一带一路"案件审判情况及十大典型案例，http://cache.baiducontent.com/c?m=x4HEP5rpx-Kq_4ctmEAX1lI5hqGsiPlZY5HfYHE0PUmhjgRQZGW8dx56FR8iTEzwKrdIwQia5A_mQ6RZsYp4t8VJPoyjH5B_HYiYbX8VxG5tGyJBgeHXHK1s8Y7TYFpqgfPW1-Y7v9-4jFPlvVLOiYWPrkkNBQk2o6Om8AtkuzDwzHJ6WIy82SqhN02GJnmx-ay5IyexT6MuMya26M6bRgyKBTWjsuKyUYQjD5szj_&p=882a91378c9133fa0be2962847&newp=8c71d215d9c701fc57efde3f5553d8274e3983653dd0c44324b9d71fd325001c1b69e7b02c221405d4c67e620bab4e5beaf43677361766dada9fca458ae7c468&s=a87ff679a2f3e71d&user=baidu&fm=sc&query=%C9%E6%CD%E2%BE%AD%C3%B3%B0%B8%BC%FE++%C9%F3%C0%ED%D6%DC%C6%DA+%C6%BD%BE%F9&qid=9704ff6800044bc1&p1=5

第五章　中国对接高标准国际经贸规则的路径保障和法治保障

这些科技手段都能有效提升审理效率，减少失误。目前，各级法院系统在计算机软件应用方面还比较滞后，很多功能性软件还没有开发利用，在提升效率上还有很大的空间。

此外，一些学者还建议法院内对案件进行繁简分流处理，即对民商事案件按标的额规模、案由和当事人数量为标准，简案由繁案分流至诉前调解、速裁和小额诉讼，简易程序速审，其余繁案则适用手续较为严谨的普通程序，从而实现资源的合理分配和审判效率。这种做法对于涉外经贸纠纷的处理，也可作为参考。

三是委托与送达环节。涉外经贸案件主体通常存在一方是境外主体的情况，参与我国法院诉讼存在现实困境。通过构建境外主体概括性委托授权认可机制，即境外主体签发经过公证认证后的概括性授权文件并概括性地指定自己在一定时间内、一定地区内、一定业务范围内的委托代理人或者诉讼文件代收人能够有效缩短RCEP各国境外主体提起本国诉讼的耗时，降低逐项授权的烦琐程序及诉讼成本。尤其适用于诉讼保全和强制令申请这类特殊案件，可以有效地减少准备工作，以免贻误财产查扣保全的机会，对维护当事人的权益起着举足轻重的作用。

另外，互联网发展到一定阶段还能够实现法律文书通过数据电文的形式送达，这样还会极大提高案件的处理效率。法院首先要明确涉外经贸案件司法文书电子送达的适用条件、程序规则和确认收悉标准，然后要构建线上、线下域外送达、公告送达体系并充分利用邮件密钥、数字签名、邮件回执自动发送等技术手段，保障电子送达的安全、高效和便捷。

（2）积极发展仲裁解决纠纷机制。与诉讼这一纠纷解决方式相比，仲裁方式具有时间短、效率高、灵活性大、保密性强等特点，因此一直在国际商事纠纷中被广泛运用。RCEP框架下，各成员国的经济文化背景差异巨大，有着各自不同的贸易惯例和风俗习惯，采用仲裁方式解决纠纷更有利于争议双方在自愿平和的气氛中处理分歧，有利于未来业务发展。在各地市均设有仲裁委员会，可以为RCEP成员国解决争议提供便捷渠道。

RCEP 建立后，商贸来往必然释放出巨大的仲裁法律服务需求，在选聘仲裁员时，可以着重考虑新增熟悉 RCEP 国际经贸规则的仲裁员，并以网络培训、专题讲座等方式，组织仲裁员开展有关 RCEP 国际经贸新规则方面的培训，全面提升仲裁员的业务素质和办案水平。

二、建立多元化纠纷解决机制

考虑到 RCEP 带来的案件数量激增，以及如果简化立案审查条件可能带来的案件增量，单一的诉讼手段已经不能满足实际需求，建立多元化纠纷解决机制迫在眉睫。这里所说的多元化，应当包括诉讼、仲裁、调解、和解等一系列纠纷解决方式。

事实上，我国法院一直很重视调解的运用，法院的一般做法是：案件进入立案庭以后审判业务庭以前，由法院展开调解工作，立案前达成调解则无需立案。2020 年以来，各级法院推行网上立案，同时也注意了网络系统兼容诉前调解功能。当事人在网上立案成功后，程序会把当事人的纠纷主动纳入诉前调解系统，法官则主动联系当事人，征求当事人的意见，决定是否采取调解方式。如果当事人不同意调解或调解失败，才进入后续的诉讼程序。但这里存在的问题是，虽然理论上法院可以委托调解员包括律师、人民调解员或某个专业领域人员等展开调解工作，但实际上绝大多数案件的调解仍是依靠法官进行，很少有法院外部调解力量介入，或虽有个案介入但没有形成制度化、常态化。法官自身本来就案件多、压力大，没有太多时间精力针对某个具体案件反复考量琢磨，这使一些案件的调解程序沦为走过场，本来能调解结案的最后还是走了诉讼。

为了缓解法院人手不足的现状，并应对越来越多的国际经贸纠纷案件，建议由法院与政府相关部门（如司法部门、行业协会等）联合成立专门的涉外商贸案件纠纷调解中心，外聘律师、国际商务专业人员等作为调解机构人员，使调解力量实化、调解流程细化，切实发挥多元化纠纷解决机制的作用。

第五章　中国对接高标准国际经贸规则的路径保障和法治保障

当然，在多元化纠纷解决机制中，不能忽视诉讼制度的重要性。应当看到，RCEP涉及贸易投资规则、原产地规则、海关程序和贸易便利化等问题，这就需要解决诉讼与仲裁的衔接问题。实际上，诉讼与仲裁并非截然分离的两种程序。在一些国家和地区，二者已经形成了良性互动。比如，欧盟有专门的"争议解决法庭"（Dispute Resolution Courts），日本也有"商事仲裁院"（Court of Commercial Arbitration）等。在RCEP框架下，如果当事人选择诉讼作为解决纠纷的方式之一，双方可以直接约定将争议提交仲裁解决。值得注意的是，目前我国的"仲裁机构"仅有中国国际经济贸易仲裁委员会和中国海事仲裁委员会两家，尚未有专门针对RCEP制定的仲裁规则。为推进多元化纠纷解决机制建设、构建与RCEP相适应的商事纠纷解决体系，应当尽快推进相关规则的制定。

当然，诉讼与仲裁程序之间并非泾渭分明。诉讼与仲裁作为不同程序规则有其各自适用范围和条件。比如诉讼程序一般要求事实清楚、权利义务关系明确、争议不大且案情简单；而仲裁程序则强调快速、简便以及独立性强等特点。对于同一当事人在同一时间段内就同一事实和法律问题分别向法院起诉和向仲裁庭申请仲裁的案件而言，由于诉讼程序本身具有较强的法定性和严密性特点，因此可能更加适合以仲裁方式解决纠纷。

三、构建"一站式"商事法律解决平台

构建"一站式"商事法律解决平台，是指建立涉外商事法庭或类似机构，提供包括调解、仲裁、诉讼在内的"一站式"服务，打通纠纷解决快速通道。

调解、仲裁、诉讼原本是三种不同的纠纷化解程序，三者的责任机构、组成人员、办案流程都存在比较明显的差异。但近年来，基于我国区域经济合作快速发展的需求，建立便捷的"一站式"国际商事纠纷多元化解决平台被提上了日程。"一站式"商事法律解决平台不是三种纠纷化解程序的简单叠加，而是三者的有机衔接、科学整合，实现国际商事法庭诉讼机制与调解、仲裁机制的在线对接和信息共享。为此，我国最高人民法

院 2018 年颁布的《最高人民法院关于设立国际商事法庭若干问题的规定》《最高人民法院国际商事法庭程序规则（试行）》和《关于确定首批纳入"一站式"国际商事纠纷多元化解决机制的国际商事仲裁及调解机构的通知》《国际商事专家委员会工作规则（试行）（以下简称《工作规则》）及其他配套条款为构建"一站式"多元化国际商事纠纷解决机制奠定制度保障。

在司法实践层面，2018 年 6 月最高人民法院在深圳、西安成立第一、第二国际商事法庭，成立国际商事专家委员会，建立诉讼与调解、仲裁为一体的国际商事纠纷一站式多元化解决机制。该制度是我国涉外民商法律制度改革创新的重要成果之一。当事人可以协议选择进入该机制的调解机构，经调解达成调解协议的，国际商事法庭应当依法作出调解书；当事人要求作出判决书的，可以按照协议的内容作出判决书送达当事人；对进入该机制的仲裁案件，当事人可以依法向国际商事法庭申请证据保全、财产保全或者行为保全；仲裁裁决作出后，可以向国际商事法庭提出撤销或者执行。在审理案件时，人民法院也可以根据案情向国际商事法庭提出延长审判周期或者改变管辖的请求。上海浦东法院也在 2019 年 9 月份成立了涉外商事纠纷一站式解决工作室，将诉讼加调解加仲裁有机结合起来，促进了三者协同效应。最高人民法院"一站式"国际商事纠纷多元化解决平台已于 2021 年 7 月 1 日在国际商事法庭网站上上线运行。

目前，我国还没有建立"一站式"商事法律解决平台，这与其自贸区、中国与东盟合作桥头堡的地位不符，也难以应对 RCEP 背景下日益增加的国际经贸纠纷。最高人民法院和各国际商事法庭的创新实践无疑为外国打造"一站式"商事法律解决平台提供了有益借鉴。

四、开展法律合作和咨询服务

开展法律合作是现代国际社会畅通对外交往和贸易的有力保障。如果没有各国在法律领域的携手，各行业将难以走出国门或随时面临混乱危机。多年以来，跨国法律协调已经发展出多种成熟模式，例如以欧盟为代表的

第五章 中国对接高标准国际经贸规则的路径保障和法治保障

跨国法律协调机制，采取"互相认可"原则，在符合最低标准的前提下，各成员国之间签订相互认可条约，欧盟则建立专门的执行监督机构，用于协调、监控成员国之间相互认可的执行情况，以消除法律壁垒。再如，以美国为代表的跨国法律协调机制，以"条约"为手段，以"减免义务"为核心，积极与其他国家签订双边或多边认可条约，承认对方特定法律行为在本国的效力，但并不改变本国法律制度，也不建立监督执行机构。这两种做法对 RCEP 成员国都有借鉴意义，但却无法直接照搬适用。因为无论是欧盟各国，还是美澳等国，其文化背景和风俗习惯都比较类似，有类似的政治经济体系，隶属于同一法系，比较容易推行"超国家"立法或达成双边协议。而 RCEP 各成员国既包括东盟 10 国，也包括中、日、韩、澳、新等国，其根本政治制度存在分歧，经济发展水平参差不齐，法系渊源迥异，具体立法更是千差万别，很难快速在国际法律合作领域促成法律合作协议的诞生。

　　基于上述考量，首先，在 RCEP 建立前期，开展法律合作最可行的方式是依托 RCEP 经济组织，定期举行内部会议。一方面各成员国通过积极沟通协调，表达彼此合作的意愿，推动跨国法律合作协议的诞生；另一方面可以就重大国际经贸案件进行研判，妥善处理各国的法律分歧，特别是就贸易保护、反补贴、反倾销等重点领域进行探讨，为将来深化国际法律合作打好基础。待条件成熟时，就能以条约或文件的形式实现 RCEP 各国法律合作的规范化、制度化、常态化。其次，东盟 10 国已经有多年合作经验，我国与东盟各国的法治交往也有较好基础，可以由中国率先与东盟实现法律合作，分享我国的立法、司法经验，为其他 RCEP 国家做出示范，然后逐步在 RCEP 范围内推广。最后，开展法律咨询服务也是法律工作者的一项重要业务。RCEP 成员国的法治水平差异较大，普通经济主体对别国的法律制度和 RCEP 国际经贸规则不甚了解，作为法律工作者就需要为这些主体提供法律咨询服务，实现法律资源共享，减少纠纷和损失。

第六章　中国对接高标准国际经贸规则的具体内容

第一节　全面对接 RCEP 的具体规则

一、货物贸易规则

第一，善用减税政策，是实现区域经济一体化进程中各国共同发展目标的重要保证。RCEP 对缔约方所适用的税收减让表主要有"统一减让"与"国别减让"两种类型，其降税模式又可分解为"协定生效后立即减让至0"、"过渡期减让至 0（含 10 年减让至 0）"、"部分减让至 0"以及"例外产品"四种类型。具体来讲，中国向东盟 10 国、澳大利亚和新西兰许诺的最后零关税税目的占比都在 90% 上下。除了老挝、柬埔寨和缅甸这三个东盟中最不发达的国家之外，东盟其他成员国中，澳大利亚和新西兰在我国所作承诺中的对应份额都比我国所作承诺份额略大。我国向日韩保证的最后零关税税目所占比重都是越高越好，而日韩向我保证的比重分别是越高和越高越好。从整体上看，协定成员在货物贸易中整体上将达到上述税目零关税。但是值得关注的是除 RCEP 外，我国也与其他缔约方订立了其他关税优惠承诺。以 RCEP 为例，RCEP 的缔约方除了日本之外，已经和我国签订并执行了六大优惠贸易安排：《亚太贸易协定》《中国—东盟自由贸易协定（升级版）》《中国—新西兰自由贸易协定》和《中国—新加坡自由贸易协定》以及《中国—韩国自由贸易协定》。在不同的协议中，降税安排是不一样的。例如，RCEP 与《中国—东盟全面经济合作框架协议》中有关贸易便利化方面的条款也存在较大差异。拿 RCEP 与《中国—东盟自贸协定》做比较，在具体的享惠产品的范围上，RCEP 有所调整与拓展。以几大东盟国家为例，比如印度尼西亚根据原《中国—东盟自贸协定》，针对加工水产品、化妆品、箱包服装鞋靴、塑料橡胶大理石玻璃钢铁制品、电视汽车及其零部件、发动机和摩托车取消对华关税。马来西亚在处理水产品、棉纱和织物、可可、不锈钢、化纤、一些工业机械设备和零部件、汽车、摩托车等方面向中国进一步开放了市场。菲律宾对我国的医药产品、塑料及塑料产品、化纤和面料、纺织品、服装、鞋子、钢铁产品、玻璃及玻璃产品、发动机零件、空调、洗衣机以及其他机电产品、汽车和零部件、进一步实行零关税待遇。中国还在原《中国—东盟自贸协定》的基础上向东盟开放了胡椒、菠萝罐头、椰子汁、菠萝汁、柴油以及一些化工品，一些汽车部件和纸制品的市场。①

因此，中国需要结合我国面向 RCEP 成员的进出口贸易情况，研判 RCEP 新规对本地企业的积极和不利影响；结合自身实际情况，制定本地区精准到产品、到国别的商品减税清单，吃透减税政策，深耕东盟市场、拓展日韩澳新市场，帮助企业抢抓 RCEP 红利、获得更多出口利益。尤其是要提升政府服务企业的理念，可以通过海关等部门大范围的开展政策宣讲活动，利用大数据分析 RCEP 可享惠商品增量，"一业一策""一企一策"研究重点出口产品涉税优惠政策，帮助企业寻求输东盟日韩新澳的产品贸易契机。

第二，利用 RCEP 原产地规则打造跨境价值链就原产地规则而言，RCEP 对该区域采用区域累积原则尤其引人注意。这种累进性特征主要体现在以下几方面：其一，RCEP 采用了全球范围内以国家为单位的累计计算方式。其二，RCEP 对各国出口到本国的货物实行同一征税标准。其三，这样就可以使产品原产地价值成分在由 15 个成员国组成的地区积累起来，从 RCEP 中任意一方获得的价值成分也得到了考虑，从而使协定优惠税率

---

① https://www.sohu.com/a/458253510_275039，访问时间：2021 年 8 月 7 日。

利用率明显提高。事实上，就货物降税安排而言，尽管中国与 RCEP 除日本外的所有缔约方都签署了自由贸易协定（FTA），但 RCEP 项下关税优惠待遇较现有自由贸易协定并没有显著提升，中日两国减税范围较为有限。因此，从长远来看，RCEP 对我国影响不明显。然而，从短期来看，RCEP 可以为我国企业创造更多的贸易机会。因为 RCEP 的成员间差异比较小，有利于实现互利共赢。所以从根本意义上说，RCEP 对企业的主要经济价值体现在累积规则上。但若存在 15 个国家等大规模区域成分的积累，势必使跨境流通中的货物更易取得协定项下的原产资格和显著增加协定优惠税率的使用，进而使 RCEP 在促进缔约方经济互动方面更具战略意义。另外，与过去的"10+1"协议相比，RCEP 除了传统原产地证书外还进一步充实了原产地证书种类，会使批准出口商声明和出口商自主声明成为可能。同时也表明原产地声明制度从正式授权签证机构发放模式向企业信用担保自主声明模式过渡，极大节约了政府行政管理成本与企业经营成本并进一步提升了商品通关时效。

因此，中国在建立 RCEP 国别商品减税对比清单的基础上，应做好对海关关员等相关人员和企业的培训和辅导；同时可以首先从中国自由贸易试验区着手，引导试验区内的企业熟练运用 RCEP 原产地累积规则和经核准出口商制度，提升企业自主声明的运用能力，再通过自贸试验区向区内其他地区和企业发挥示范引导作用；通过近些年进出口贸易具体数据来研判中国要重点扩大的产品贸易类别，以及具体研究哪一条产业链在 RCEP 成员国尤其是中国和东盟之间存在广泛的分工合作，深入研究此类产业在成员国之间的价值链、供应链和产业链具体构成结构，既要分析区内现存的各类产业链现状，更要分析其合作发展趋势，帮助企业积极抢占发展先机。[1] 例如，2020 年 7 月，广西发布《关于提升广西关键产业链供应链

---

[1] https://baijiahao.baidu.com/s?id=16962527749329226308wfr=spider&for=pc，访问时间：2021 年 7 月 30 日。

稳定性和竞争力的若干措施》，基于此，仍需要持续扶持并引导企业扩大 RCEP 国际营销网络规模，构建更加精细完善的产业链分工，以共建国际产能合作区和跨境经济合作区为抓手，加强促进产业链招商、互动与衔接，增强供应链深度融合合作，以构建面向 RCEP 的工业互联网平台，构建 RCEP 产业重组生产要素配置基地以及拓展中国—东盟博览会对 RCEP 的服务功能为途径和方法，以吸引资源与产业集聚为目标，着力将广西打造成 RCEP 区域产业链供应链中的一个重要节点。[①]

  第三，提升贸易便利化水平，推动货物贸易自由化。例如，为了助推中国抢抓 RCEP 机遇，2021 年 5 月，南宁海关发布了相关 12 项措施，具体包括：1. 建立广西重点产业 RCEP 关税减让对比清单；2. 做好 RCEP 原产地规则实施准备，包括推广应用 RCEP 原产地管理信息化应用平台、原产地证书智能审核和自助打印等；3. 开展 RCEP 实施风险预警分析；4. 组织 RCEP 政策宣传培训；5. 用足用好 AEO[②] 相关政策；6. 落实 6 小时通关便利措施；7. 提升边境公路口岸贸易便利化水平；8. 优化陆路口岸检疫流程；9. 优化商品检验程序；10. 加强与 RCEP 缔约方检验检疫合作；11. 加强对 RCEP 缔约方技术性贸易措施信息收集和研判；12. 加强对 RCEP 缔约方贸易形势统计分析。[③] 其中在提升贸易便利化方面，尤其是要加快部署落实 RCEP 的"6 小时通关"便利措施要求，在区内主要口岸对快件、空运货物、空运物品等实行 6 小时内放行；指导全区外贸企业和积极开展海关 AEO

---

  ① https://baijiahao.baidu.com/s?id=1696252774932922630&wfr=spider&for=pc，访问时间：2021 年 7 月 30 日。

  ② AEO 即经认证的经营者（AuthorizedEconomicOperator）：在世界海关组织（WCO）制定的《全球贸易安全与便利标准框架》中被定义为："以任何一种方式参与货物国际流通，并被海关当局认定符合世界海关组织或相应供应链安全标准的一方，包括生产商、进口商、出口商、报关行、承运商、理货人、中间商、口岸和机场、货站经营者、综合经营者、仓储业经营者和分销商。"

  ③ http://swt.gxzf.gov.cn/zt/rcep/t8912212.shtml，访问时间：2021 年 7 月 30 日。

信用培育和认证工作，多渠道鼓励支持企业申请 AEO 认证，扩大 AEO 认证企业覆盖范围，对经 AEO 认证的企业提供进出口过境程序便利化措施；积极开展原产地证书智能化审核和自助打印工作，增强原产地证书签发便利性；强化国际贸易"单一窗口"功能广西自由贸易试验区应持续重点开展国际贸易"单一窗"升级改革工作，如依托已有"广西国际贸易"单一窗升级版试点工程"北部湾港无纸化（智慧湾）工程"，把制度创新成果延伸到全区各地区；把"单一窗"功能由口岸跨境物流扩展到口岸物流和贸易服务应用领域；进一步完善口岸通关和物流作业流程；[①] 加强健康和植物健康措施领域合作交流协商，加强风险分析、审查认证、进口检查和紧急措施规则落实；更多地研究借鉴他省制度创新经验，如云南自贸试验区拟试点动植物及其制品检疫审批负面清单制度；对邻近国家进口农产品、水产品、种子种苗、花卉苗木实施快速检验检疫模式；优化生物医药全球协同研发实验专用物品检疫查验流程；加大推进规则、监管、管理和标准制度型开放探索力度。

二、投资贸易规则

RCEP 的投资章节（第十章）共有 18 个条款以及 2 个附件（附件 1：习惯国际法和附件 2：征收），内容除涵盖投资自由化、投资促进、投资保护和投资便利化措施四大支柱条款外，同时确认了各成员国在国民待遇、最惠国待遇、投资待遇、禁止业绩要求、转移等方面的义务。除此之外投资方面的规则还包括 RCEP 附件三《服务和投资保留及不符措施承诺表》，允许成员国通过负面清单的模式对本章相关义务不符措施作出承诺。此次 RCEP 也明确规定将服务贸易中有关投资的"商业存在"部分排除在第十章关于"投资"的规定之外（第十章第二条第二款（四）），但也考虑到 15 个成员国在服务贸易发展水平上的参差不齐，特别作了例外规定（第十

---

① http://bbwb.gxzf.gov.cn/ywdt/t8322382.shtml，访问时间：2021 年 8 月 2 日。

章第二条第三款),即部分义务经过调整后可适用于服务贸易的"商业存在"方式。RCEP通过对投资自由化和投资保护基本规则的规定给予外国投资者最大程度上的投资准入机会及保护,与此同时赋予东道国因国内产业保护(以负面清单管理方式)和国家安全考虑保留一定限制外资准入的权力。RCEP投资章是对原"中国—东盟(10+1)自由贸易协定"投资规则的整合升级,在投资市场准入上,各成员国均采用负面清单模式做出承诺。这也是我国首次在国际协定中纳入非服务业投资负面清单。尤其是对制造业、农业、林业、渔业、采矿业5个非服务业领域投资,RCEP15个成员方均采用负面清单方式作出了较高水平开放承诺。这些安排不仅提高了市场准入的确定性,还在给各成员国投资者带来更多机遇的同时,极大地增强了区域内的投资信心。

在投资方面,中国一直把招商引资作为推动地区开放发展的重要引擎。如广西鼓励资金投向以大健康、大数据、大物流、新制造、新材料、新能源"三大三新"为重点的产业领域。为了吸引外资,近两年广西连续出台《关于切实加强我区利用外资工作的通知》(稳外资16条)、《广西招商引资激励办法》、《关于明确利用外资有关政策措施兑现事项的函》等政策文件;通过采用国内最宽激励条件,例如,对外资企业最高奖励1亿元,只要是负面清单以外的行业均可申请引资奖励等,鼓励和吸引外商投资。2020年9月广西还出台了《广西外商投资企业"一站式"服务平台建设实施方案》(桂政办电〔2020〕179号),通过打造线上线下结合、区市上下联动、各相关部门横向协作的"一站式"服务平台——"全流程"服务、"一对一"服务、"清单式"服务、"直通车"服务、"单一窗口"服务,为促进广西外商投资的便利化、优化营商环境提供支持和保障。在广西自贸试验区建设方面,2020年9月广西发布《中国(广西)自由贸易试验区条例》,其中也包括投资促进、贸易便利等方面的相关规定;同时还先后印发实施了《促进中国(广西)自由贸易试验区高质量发展的支持政策》《中国(广西)自由贸易试验区南宁片区促进外商投资股权投资类企业发展暂行办法》《中国（广西）自由贸易试验区2021年外资招商引资专项工作方案》等政策文件，意在着力打造国际化、市场化和法治化的营商环境，吸引更多外商投资在自贸试验区聚集。此外，广西也在通过搭平台设跳板、建园区造港口等多种途径，加快布局境外经贸园区和重点项目，促进国际产能合作，鼓励企业"走出去"；以重大项目和标志性工程为抓手，深化以东盟为重点的国际合作，支持企业转变投资形式、扩大投资领域，加快企业"走出去"的步伐。

  现在要深入对接RCEP，首先中国在投资领域要研究RCEP的《服务和投资保留及不符措施承诺表》，在国家最新发布的《外商投资准入特别管理措施（负面清单）》的基础上，继续落实好缩减外商投资准入负面清单工作，为招商引资创造自由、便利和具有竞争力的投资环境。2020年1月我国《外商投资法》正式生效，在外资准入方面开始全面推行准入前国民待遇加负面清单制度。目前我国2021年版负面清单正在研究制定，而且必须要落实RCEP投资负面清单承诺，清单之外不得新增外商投资限制。负面清单中承诺的开放水平，只会越来越开放。其次，要围绕RCEP开展制度创新，拓展区域双向投资新领域；发挥中国自贸试验区现行示范的作用，大力复制推广中国自贸试验区"边境贸易＋互联网"发展新模式、中国—东盟跨境金融改革创新、国际商事纠纷解决平台等首批自治区级制度创新成果；推动中国与RCEP成员国在商贸、物流、大健康、新能源等重点领域开展双向投资，在与东盟合作的基础上加强与日本、韩国、新加坡、澳大利亚、新西兰等国家的投资合作。最后，要建立健全外商投资服务体系，加大外资招商资金支持力度、强化外资招商专业团队建设、加强外商投资合法权益保护、提升服务外资企业水平，创造良好的投资营商环境。

三、知识产权保护

  RCEP知识产权章包括83条条款及过渡期安排，技术援助两大附件，为RCEP中内容最为丰富，长度最长的一章。内容涉及著作权、商标、地理标志、专利、外观设计、遗传资源、传统知识与民间文艺、反不正当竞争、知识产权执法、合作、透明度、技术援助等诸多领域。这些规定对中国具有重要意义：有利于维护国家经济安全；促进创新驱动战略实施；增强国际话语权；加强全球治理能力建设。目前，RCEP已经成为世界各国竞相角逐的知识产权热点地区之一。RCEP知识产权章亦是目前我国已签自贸协定中收录内容最为完整的知识产权章节之一。它以世贸组织《与贸易有关的知识产权协定》为依据，全面提高本地区知识产权的总体保护水平；既有对传统知识产权的重大课题研究，又反映出知识产权保护的新动向。

第一，中国必须强化知识产权地方立法以弥补地方综合性立法欠缺之缺陷；健全知识产权保护体系以促进知识产权保护合规性。近年来，知识产权综合立法有上升的趋势。所谓综合立法是指以专利，商标和著作权为内容汇集而颁布综合性知识产权地方性法规的过程。近年来，天津和深圳相继出台综合性知识产权地方性法规，广东和河北两省促进科技创新和成果转化地方性法规涉及全面的知识产权内容，上海于2020年年初出台的《上海市促进科技创新中心建设条例》设立知识产权专章目前正推动知识产权全面立法工作。[1]

2021年6月1日本国《专利法》第四次修正版正式施行，该修正版从强化专利权人合法权利保护，推动专利实施与应用，健全专利授权制度，特别是增加侵权成本，健全行政保护有关制度以及增加诚信原则几个方面作了系列修改与完善，以期进一步提高专利保护的成效与效益。这时，地方立法应当适时跟进。在现行法律体系下，地方政府作为最重要的利益相关者之一，其与企业之间存在着千丝万缕的联系。随着经济全球化趋势不断加深以及市场竞争日益激烈，地方保护主义行为愈发严重。这势必使我国知识产权权利人长期面临的维权创新投入得不到有效收益，维权周期长，

---

[1] https://www.fx361.com/page/2020/1116/7229488.shtml，访问时间：2021年7月20日。

维权成本高的难题得到较大缓解。而且我国近两年在对《著作权法》《专利法》等法律法规修订的同时在同步推进加入 RCEP 的谈判，因此很多新修订的法律法规与 RCEP 的内容是"你中有我、我中有你"。但是即便如此，在知识产权保护领域，国家后续还需要比照 RCEP 提高标准、配套立法工作还须陆续展开。此时，中国也要跟进国家立法步伐，及时对现有规章制度进行完善，存在冲突的规章制度应当及时予以修订。

第二，中国要继续深入实施知识产权强桂战略。在专利保护方面，中国首先是要推动科技和企业形成完整的创新链，将产、学、研、用有机结合；提升专利质量，做强自身的产业，强化科技成果转化的能力和水平。特别是在加强政府对科技成果转化的奖励和补贴政策的同时，关键要推进和重视科技成果转化的后续跟踪和监管工作。例如，2018 年广西对《广西壮族自治区促进科技成果转化条例》进行了修订，并于 2018 年 10 月 1 日起正式施行。2020 年广西先后制定和颁布了《广西促进科技成果转化实施股权和分红奖励办法》《广西企业购买科技成果转化后补助管理办法》。但是为了确保奖励能落实到那些真正做到科技成果转化的项目和主体上，我们还需要制定和完善科研成果考核机制、科研成果转化激励政策的投入方向和考核评价机制、后续的长效跟踪监督机制及相关的惩罚机制，以遏制简单为了获取奖励而进行的低效率、无价值的转化。

关于商标保护，中国应加快商标品牌战略的实施，以马德里商标的国际注册为抓手，引导企业实施"走出去"战略时"商标先行"，强化商标海外布局。RCEP 15 国 GDP 规模在全球经济总量中所占比重较大，区域内贸易额在全球贸易总额中所占比重较小。《协议》的签订意味着《协议》中 15 国国内将有自由贸易往来、地区间货物贸易最终达到零关税、跨境贸易日益频繁、我国企业可以更出海等。与此同时，RCEP 成员国之间还存在着大量的技术、人才和资本流动，这为我国企业提供了更广阔的发展空间。但是，RCEP 各国对知识产权都有不同程度的重视。企业面临严峻挑战。这需要企业提前布局知识产权，树立产品自主品牌，运用知识产权武器维护权益、规避风险、在跨境贸易占有一席之地。我国企业产品商标境外抢注事件屡有发生，商标抢注已经成为我国企业走出去的拦路虎。针对这一问题，中国相关部门应加强对本地企业的相关宣介培训，除了和商标国际注册有关的马德里体系培训外，还有和 RCEP 知识产权规则有关的培训等，以帮助本地企业提升国际商标品牌运用和保护能力、推动企业走向国际化。

第三，探索建立重点产业、重点领域知识产权快速维权机制，同时要注意协调好知识产权保护和地方经济扶持之间的关系。在建立知识产权快速维权机制方面，以广东为例，广东为塑造优良营商环境采取了严格的知识产权保护措施；为破解企业知识产权维权难度大，费用高，周期长的烦恼，面向单一产业建立了知识产权快速维权中心[①]；整合行政执法部门资源，构建专利案件的行业调解、行政处理、司法审判一站式的快速反应机制[②]。此外，还须结合近些年的实践经验，继续梳理自身的优势产业，结合企业需求，针对重点企业建立知识产权保护直通车制度；积极探索快速行政、司法、调解等途径，帮助企业实现快速维权；引导企业通过不同的途径维权，解决矛盾纠纷。

与此同时值得注意的是，政府应该如何平衡知识产权保护和经济发展之间的矛盾？这就要求我们在推进知识产权保护和打击侵犯知识产权行为的同时需要特别注意协调好知识产权保护和地方经济扶持之间的关系。但需要明确的是：加大知识产权保护力度，从微观上看可能会对局部经济造成一些影响，但是从宏观上看，必然会促进经济向更好的方向发展。

---

① 广东早在 2011 年专门针对中山市的龙头产业——灯饰，率先建立了全国第一个针对单一行业设置的知识产权快速维权中心——中山（灯饰）知识产权快速维权中心。此后广东又相继建立了家电、家具、皮革皮具、五金刀剪、玩具、餐具炊具行业的国家级知识产权快速维权中心。

② 实现专利侵权纠纷行政执法案件立案受理后 1 个月内结案，外观设计专利申请 10 个工作日内授权。

第四，利用知识产权权利深化经济一体化合作。健全涉外沟通机制，搭建知识产权信息公共服务体系，建立完善国际信息交流机制，为著作权、商标、地理标志、专利、传统知识、民间文艺、反不正当竞争、维权援助等知识产权提供高水平、全方位的保护。主动融入大湾区知识产权合作框架，加强与 RCEP 成员国知识产权领域的对话与信息交流，增进专利机关的信息交流。充分发挥中国—东盟知识产权运营平台优势，利用中国（广西）自由贸易试验区、中国（广东）自由贸易试验区中国—马来西亚钦州产业园区、防城港国际医学开放试验区等重点区域，依托中国—东盟博览会、知识产权宣传周等交流合作平台，促进中国—东盟企业的经贸合作并推进中国—东盟知识产权交易市场发展。

四、服务贸易规则

RCEP 服务贸易开放中，中国开放承诺已达现有自贸协定之最；其他成员国或地区开放承诺亦显著高于"10+1"协议。这大大促进了该地区服务贸易自由化与便利化。在市场准入方面，日本、韩国、澳大利亚以及东盟印尼、马来西亚、新加坡、文莱等国家采取负面清单的形式进行承诺，而中国、新西兰等东盟其余六个国家则采取了积极的清单形式进行承诺，承诺在协议生效六年内变为负面清单，老、柬、缅等国家则是 16 年内变为消极清单。从开放水平上看，中国已承诺的服务部门个数以入世承诺的 100 家左右为基础，增加与制造业有关的服务，管理咨询和空运共 22 家，同时增加法律、金融、海运和建筑共 37 家，其他 RCEP 会员国已据此承诺进入更大市场。尤其是 RCEP 的其他方面对中国主要服务部门如：房地产、建筑、旅游、工程、交通和金融都作出了更大范围的开放承诺。一些国家甚至承诺完全开放某些服务部门。在此基础上，RCEP 服务贸易一章包括专业服务，金融服务和电信服务 3 个附件；RCEP 专业资质互认合作安排以及金融与电信领域更为全面与高层次的投入。所有这一切，为中国服务企业"走出去"，拓展区域产业链布局提供广阔市场。

第六章　中国对接高标准国际经贸规则的具体内容

第一，中国应深入研究 RCEP 国家《服务具体承诺表》并加强重点领域开放，在后续服务贸易领域投资准入之前对国民待遇及负面清单管理制度进行全面制度与产业准备。本次签署 RCEP，尽管在服务业跨境服务贸易方面以及投资方面，我国仍处于正面清单模式下，但各地已在不断学习摸索中，并已出现各省先行先试在辖区推行跨境服务贸易负面清单制度。《海南自由贸易港跨境服务贸易特别管理措施（负面清单）（2021）》是海南省于 2021 年 7 月 26 日公布的国内第一份跨境服务贸易负面清单。本文件自 2011 年 8 月 26 日起执行。海南此负面清单面向境外服务提供者 11 类 70 条特别管理措施，向 160 个子部门开放 110 余个，均超出中国承诺。此次试点实施是我国跨境服务贸易管理模式上的一大突破与制度创新，更是为了跨境服务贸易负面清单管理制度能够在全国范围内普遍实施而做出的一次必要的探索与尝试。这对于包括其他省（区）也必将发挥重要示范与指导作用。

第二，在跨境物流方面，中国须继续积极推动互联互通、畅通物流通道、加强物流合作。这次 RCEP 协定对区域内原产地累计规则的应用，极大地推动了区域间中间品的流动和交易。这必然带动与货物贸易有关的服务贸易的大幅增长，表现尤为突出的是对跨境物流带来的极大需求。例如，广西处于中国—东盟自贸区核心地位，是我国面向东盟的国际大通道，也是 21 世纪海上丝绸之路与丝绸之路经济带实现有机对接的主要通道，同其他成员国海陆连通凸显了北部湾港口群的优势。近年来，随着国家实施"一带一路"战略，RCEP、泛珠三角区域合作等重大战略构想的提出以及区域内贸易投资便利化程度不断提高，为广西加快融入泛珠江三角洲经济区提供了良好契机。广西要抓住机遇，重点发展北部湾区域性国际航运中心（RCEP），配合各方面努力促进连接东盟快速铁路、高速公路发展，开辟同 RCEP 国家港口直航航线、加密民航航班、构建高效、便捷、顺畅交流网络。大力建设边境口岸，加大口岸设施升级力度，打造口岸开放新体系，以促进广西西部陆海新通道为依托，促进交通、物流、商贸、产业深度融合发展，全面提高口岸信息化智能化程度，促进中国—东盟港口城市合作网络及中国—中南半岛经济走廊发展，疏通面向东盟国际大通道。

第三，中国应继续大力提升服务外包竞争力，加快推进数字化、高端化的服务外包产业的进场。服务外包产业主要包括信息技术外包（ITO）、技术性业务流程外包（BPO）和技术性知识流程外包（KPO）等三个内容，是现代高端服务业的重要组成部分，也是国际产业转移的新趋势和现代服务业快速发展的新增长点。RCEP的签署大幅提升和激发了中国服务外包业务的合作机遇和合作潜力，合作范围进一步扩大、合作意愿进一步增强、合作水平进一步提升。根据商务部公布的数据显示，2021年一季度，中国企业承接14个RCEP成员国服务外包执行额374亿元，同比增长64.7%，占离岸服务外包执行额的24.3%。[①]在疫情防控常态化的形势之下，我国服务外包行业强力反弹，展现强大的抗压能力和发展潜力。现在面对开拓RCEP成员国市场以及新业态、新模式，例如：云外包、平台外包、数字制造外包和中医药服务研发外包等，中国要寻找好着力点，营造良好的接包环境；继续巩固东盟市场，积极拓展新、澳、日、韩市场；推动自贸区服务外包企业转型升级、"走出去"。

第四，金融服务是RCEP成员谈判中的重要内容之一。RCEP金融服务附件在增强金融监管透明度的前提下，首次推出新金融服务、自律组织、金融信息转移与处置等方面的规则。本次签署RCEP，亦是中国第一次在与他国签署的自贸协定当中加入新金融服务、信息转移及办理等方面的规定。它代表了我国缔约实践中向金融领域开放所承诺的最高水平，为我国金融服务市场提供了契机，但同时对我国金融开放水平，数据安全管理以及风险防控等方面都提出了很高的要求。从区域经济一体化角度来看，RCEP的建立有利于推动全球经济贸易自由化进程。它不仅可以

---

① https://baijiahao.baidu.com/s?id=1699637742898387607&wfr=spider&for=pc，访问时间：2021年8月11日。

有效减少贸易壁垒，而且还能为发展中国家提供资金支持。与其他成员国及中国现有自贸协定相比，RCEP的若干成员国（含马来西亚、菲律宾、越南、柬埔寨、韩国、澳大利亚）对金融领域的开放承诺水平亦有所不同，主要表现为放松机构准入并扩大业务范围，取消并放松外资持股比例的限制，放松对高管及董事会人员的要求。这有利于推动中资金融机构向海外优质发展。

广西、广东、海南、云南作为面向东盟的重要金融开放门户，应立足于中国——东盟的繁荣贸易，创新实践积累沿边金融改革的丰富经验。如近年来，广西积极开展跨境金融创新工作，并于2014年启动沿边金融综合改革工作，其实践成果主要有：探索并形成人民币兑越南盾几家银行"抱团定价"和"轮值定价"的"东兴模式"；建立中国第一个边境口岸互市贸易结算信息系统，实现结算信息和报关信息互联互通，构建人民币兑东盟国家货币银行间市场区域交易平台；启动人民币兑越南盾和柬埔寨瑞尔两种货币直接上市交易。2021年7月商务部发布自贸试验区第4批18项"最佳实践案例"，广西自贸试验区"边境地区人民币跨境使用改革与创新"案例榜上有名。另外，在中国（广西）自由贸易试验区建设和发展需要推动下，南宁市作为这一金融开放门户核心区，还积极吸引省市外金融机构或公司入驻，至2021年3月底，中国—东盟金融城已入驻194家金融机构或公司，太平东盟保险服务中心、中银香港东南亚业务营运中心和深圳证券交易所广西服务基地已落地多个重要标志性平台。建设中越合作自贸区（CAFTA），推进双边自由贸易安排；启动实施广西—东盟自由贸易区战略，推动区域经济一体化发展。未来，广西将进一步深化与东盟国家间的经贸往来。广西也以自贸试验区、中马产业园区等金融创新试点改革为基础，如中马"两国双园"试点推出了一定数量的资本项下的本外币可兑换业务。

根据已有的经验和结果本书分析了RCEP对我国银行业带来的影响。本书认为，RCEP将进一步促进中国与东盟区域经济一体化发展，为中国商业银行提供机遇和挑战并存的局面。同时也会加大竞争压力。中国必须持续对标 RCEP 的新金融服务、自律组织、金融信息转移与办理等方面的规定，在留出监管空间以保持金融体系稳定和防范金融风险深耕金融合作沃土，持续推进跨境金融创新，持续推进人民币成为跨境贸易投资计价结算货币，支持与各种贸易业态相适应的结算便利化试点及跨境融资业务发展，推进外国人才薪酬购付汇便利化、贸易外汇收支便利化试点落实；构建 RCEP 成员供应链金融平台及其综合服务平台；通过构建中国—东盟跨境金融服务中心及其他金融服务实体；以国际贸易"单一窗口"为基础；以区块链为服务平台；强化数据共享；向各成员（涉外企业）提供"一站式（线上线下）"跨境金融对外推广、业务咨询和处置综合金融服务；支持自贸试验区保险机构同周边国家开展货物运输、车辆、工程与旅游、出口信用保险及其他双边和多边跨境保险合作。

第五，中国应积极拓展和深耕服务行业的专业领域。首先，推动语言服务贸易发展。中国应依托优越的沿边地理位置以及在东盟小语种人才培养方面的优势，积极建立"一带一路"服务政企的语言服务平台、跨语言大数据平台，技术创新语言服务模式，以满足 RCEP 成员国及不同领域的语言需求。其次，促进教育服务的贸易与合作。通过举办各类国际会议及展览等形式扩大中国高等教育在世界范围内的影响；加强国内高校间以及国外高校间的学术交流，促进我国高等院校国际化办学水平不断提高；加快人才培养模式改革步伐。整合世界范围内大学教育资源，构建大学联盟有关机构及组织，结合政府、产业、企业、学校等多方力量，创建以 RCEP 为服务对象的培训基地并与 RCEP 各成员国进行全方位教育服务贸易。再次，推动文化服务贸易出口。重点选择中国具有比较优势的文化产业领域，如出版传媒、音像影视、动漫游戏、民族工艺美术、演艺娱乐业、广告制作及文化加工制造业等，着力推进中国文化企业和文化产品"走出去"；优化中国文化产品和服务结构，加强和 RCEP 文化产业强国的企业合作，努力打造面向 RCEP 的文化出口基地。最后，我国中医药资源及理论成果丰富亦能推动中医药服务贸易发展。例如目前广西已经将中医药壮瑶医药纳入"一带一路"国际合作重要内容。广西应继续发挥地理和资源等优势，在大力发展中医药壮瑶医药服务贸易的基础上，通过平台搭建、教育合作、人员培训、诊疗服务合作等途径，积极打造面向 RCEP 的中医药服务国际实验区，进一步推动中医药服务的国际规则和国际标准的制定。

五、电子商务规则

RCEP 紧跟全球贸易发展趋势，纳入了很多全新的贸易形式，其中就包括电子商务。RCEP 第十二章电子商务部分包含定义、原则和目标、范围等 17 个条款。其中缔约国承诺：在促进相互之间电子商务的使用和合作方面，鼓励各方通过电子方式改善贸易管理与程序；在促进贸易便利化方面，推进无纸化贸易、推广电子认证和电子签名等；在创造良好营商环境方面，承诺保护电子商务用户的个人信息，为在线消费者提供保护，并针对非应邀商业电子信息加强监管和合作；在促进跨境电商方面，对计算机设施位置、通过电子方式跨境传输信息提出相关措施方向，并设立了监管政策空间。缔约方还承诺维护网络安全，同意维持当前不对电子商务征收关税的做法。此次签署 RCEP，也是我国首次在符合我国法律法规的前提下在自贸协定中纳入数据流动、信息存储等规定。这些承诺的达成，为强化和促进亚太地区电子商务合作与发展、提升电子商务营商环境、增强各成员电子商务领域的规制互认、政策互信和企业互通等提供了制度保证。虽然，中国的电子商务在全球已处于领先地位，但此次中国签署 RCEP 依然给中国电子商务发展带来了新机遇。2020 年由于疫情蔓延引发的全球公共安全危机，各国都采取了不同程度的封闭管理措施，给传统贸易带来了极大的制约。而此时 RCEP 的签订，对于推动贸易文件电子化、数据移动自由化、个人信息安全化、通关手续便捷化、电商流通免税化、电商发展规模化等起到了积极的促进作用，也为疫情下区域经济的恢复和发展提振了信心。

例如，广西为加大区域内跨境电商政策扶持力度，先后发布《关于加快电子商务发展的若干意见》《关于促进区域跨境电子商务健康快速发展的实施意见》《广西壮族自治区电子商务发展"十三五"规划》《广西电子商务发展三年行动计划（2018—2020）》《促进电子商务与快递物流协同发展实施法案》《中国（南宁）跨境电子商务综合试验区实施方案》系列政策文件。这些政策为推动广西电子商务产业高质量发展提供了有力支撑。广西作为我国面向东盟共同开发的前沿阵地与窗口，凭借其独特的地理位置其电子商务发展同样得到中央政府的关注与扶持。广西南宁市跨境贸易电商零售出口业务于 2014 年 8 月 20 号正式批准启动，中国—东盟跨境电商产业园于 2015 年 6 月 25 号举行开业典礼，这意味着跨境电商零售出口业务在南宁综合保税区上线试营业，南宁市跨境电商综合保税区于 2018 年 7 月份成功批准成立，南宁市跨境电商综保区于 2018 年 12 月 15 号正式挂牌成立，南宁也是我国第三批建立跨境电商综保园区的 22 市之一，也是广西首个开发区。① 自此，北海、钦州和崇左三城市于 2020 年被批准试点跨境电商零售进口。同年崇左还被批准为国家跨境电子商务综试区，南宁海关关区被批准为跨境电子商务 B2B 出口试点地区。随着中国—东盟自贸区建设深入推进和经济全球化进程加快，跨境电子商务作为一种新兴业态快速发展起来。广西跨境电商交易额在 2016—2019 年间平均每年递增 27.8%。2020 年 1—10 月份，即便是面临全球疫情危机，广西跨境电商交易额仍达到了同比 2.5 倍的增幅，其增幅远远超过了全国的平均水平。② 广西和东盟电子商务贸易合作正在进入快车道；"跨境电子商务"的蓬勃发展，也给广西带来了更加广阔的商业机遇。

---

① https://supplier.alibaba.com/content/detail/PXEY00D8.htm，访问时间：2021 年 8 月 16 日。

② 余度. 跨境电商成为中国—东盟贸易发展新引擎 [J]. 中国对外贸易，2021.01：66-67.

面对 RCEP 下的发展机遇，首先中国要梳理这些年在跨境电子商务发展中的短板和不足。例如中国的跨境电商配套物流体系还不完善。中国境内的跨境电商多为中小型企业，难以建立海外仓，自身的物流体系发展较为缓慢；导致一直存在物流时间长、物流成本高、配送周期长、配送效率低、顾客满意度低等问题。此外还存在专业人才不足、跨境电商交易平台发展滞后、缺乏大型企业和优质货源等问题。其次是要学习和借鉴电商产业发达省份和地区的先进经验。比如 2021 年 3 月份广州出台的国内第一个 RCEP 跨境电商专项政策《广州市抓住 RCEP 机遇推动跨境电子商务创新发展的若干措施》。该文件在 5 个方面共提出 25 项创新措施。这些措施主要有：贸易便利化层面，广州应进一步压缩通关期限，精简跨境电商 B2B 出口；RCEP 全国范围内跨境电商商品 24 小时放行，易腐商品力争 6 小时放行；对于跨境电商企业而言，广州也应进一步优化退税服务并将退税处理期限压缩到 5 个工作日，实行出口退税无纸化申报；另外，广州应扶持跨境电商企业增加创新要素的投入，搭建跨境商事纠纷网上解决平台、ODR 平台、扶持企业扩大国际营销网络。[①] 这些都值得我们去学习和借鉴。最后，中国要结合地区特点积极推进电子商务与现代物流与信息技术、跨境金融等的融合发展；优化营商环境，鼓励自主创新，加强专业人才的引进和培训；在发展跨东盟电子商务贸易基础上，紧抓 RECP 机遇，积极拓展和澳、日、韩、新之间的电子商务市场和合作。

六、自然人临时移动

根据世界贸易组织《服务贸易总协定》的界定，自然人移动是服务贸易四种形式中的一种。本次 RCEP 于第九章特别针对自然人临时流动问题进行了研究，并且成员国在附录 4《自然人临时流动特定承诺表》分别就

[①] https://www.163.com/dy/article/G6BIKI7H05199NPP.html，访问时间：2021 年 8 月 16 日。

涉及商务访问者，公司内流动人员及其他类别和条件与限制问题做出了特定承诺。此处"临时移动"根据RCEP第九章第一条界定为"一缔约方自然人进入并无意在其领土上永久居住"。"自然人"是指商务访问者和公司内流动人员，也是附件四中特定承诺表缔约方承诺表中的另一类人。根据这一定义，"自然人临时入境"可以被理解为"一国公民以合法身份进入另一国后，不改变其国籍而暂时离开该国境内或出境并继续居住一段时间的行为"。这就意味着。与之前的协议不同，RCEP把承诺的适用范围扩大到除服务提供者之外的投资者，随行配偶及其家人以及其他协议之下可能发生跨境流动的各类自然人。这一明确界定不仅与WTO规则相一致，也符合各国实际情况。同时，RCEP通过提供一系列特别措施保障自然人在特定国家境内临时入境后可以正常行使权利、履行义务并享有相应待遇。另外，各当事方还承诺，对于该地区达到规定要求的自然人，只要有特定承诺，就可以得到一定的居留期限，并享有签证便利，从事各类贸易投资活动及其他优惠活动，并制定透明明确的自然人临时入境标准以及简化程序。RCEP也进一步降低了自然人暂时流动的限制条件，如没有限制公司内流动人员暂时进入的人数，也没有劳动力市场测试等类似效果的手续。RCEP的上述条款和承诺的整体水平都基本超出了成员国在既有自贸协定缔约实践中所做的承诺，对推动成员国自然人流动，推动跨境贸易与投资具有重要意义。

例如，为加快中国（广西）自由贸易试验区高质量建设和高水平发展，2020年1月广西发布《中国（广西）自贸试验区建设实施方案》。其中规定，"构建便利国际化人才聚集新机制。基于此，广西也应标准RCEP，对RCEP国家的《自然人暂时流动具体承诺表》进行深入研究，不断创新自然人暂时流动便利化举措。如：不断探索自贸试验区（RCEP）内各成员国的投资者，合同服务提供者，企业内流动人员，陪同配偶及其家属以及其他类型商业人员的签证和允许临时入境便利化举措，建立"一带一路"沿线重要城市境外投资风险预警机制；研究外籍员工工作签证、授权、居留许可等一揽子便利举措，将自贸试验区成功经验复制到区域内其他地区；探索边境地区外籍人员进境就业试点；推动与周边东盟国家等 RCEP 成员国跨境人力资源合作；探索职业资格国际互认；让中国大学毕业优秀留学生到自贸试验区工作创业等；继续执行、促进并完善外国高端人才买房租房、医疗保障、子女教育生活服务、定制商业保险、金融服务等一系列便利举措。

第二节　政府主导下开展对 RCEP 的具体规则的研究与实践

以广西为例，广西作为面向东盟开放的前沿和窗口，RCEP 的签署为广西发挥区位优势，抢抓用好新发展机遇，加快融入新发展格局提供了难得机遇。为用足用好 RCEP 规则，广西结合发展实际，于 2021 年 10 月 28 日制定出台了《广西对接 RCEP 经贸新规则若干措施》。[①] 广西壮族自治区党委、政府高度重视 RCEP 合作，自治区党委常委会提出，以 RCEP 签署为契机，打造"两会"升级版，推动服务"10+1"向服务"10+5"延伸。自治区党委十一届九次全会明确，要抓住 RCEP 签署新机遇，把握新发展阶段、坚持新发展理念、融入新发展格局，把广西建设成为国内国际双循环重要节点枢纽。为用足用好 RCEP 规则，广西结合发展实际，制定出台了《广西对接 RCEP 经贸新规则若干措施》（桂政发〔2021〕37 号，以下简称《若干措施》）。《若干措施》共分 5 大版块 24 条具体举措。

一是"加快扩大货物贸易"。重点对 RCEP 货物贸易领域产品降税，原产地规则和贸易便利化进行研究，并提出深耕传统东盟市场，扩大与日韩澳新的贸易空间，实施贸易便利化举措和加快贸易新业态发展四方面对策。

二是"加快建设面向东盟跨境产业链供应链"。重点研究 RCEP 对地

---

① http://www.gxzf.gov.cn/zt/xwfb/xwfbh1101/，访问时间：2022 年 5 月 12 日。

区间贸易合作的推动作用和原产地地区累积规则对地区间产业链重构的加快作用,并提出利用 RCEP 原产地政策,促进产业转型升级,"加工贸易+"引领产业发展,推进边境贸易创新与发展,打造特色优势跨境产业链和确保地区跨境供应链顺畅等六大对策。

三是"深化 RCEP 的投资和服务贸易双向合作"。聚焦 RCEP 各方对服务贸易与投资的高水平承诺,从推动外商投资国民待遇的实施,RCEP 国家招商引资的加强,RCEP 国家对东盟合作园区的加速提质升级,RCEP 国家服务贸易潜力的发掘,RCEP 国家跨境投融资便利化的推动等五个方面提出了对策。

四是"打造高水平 RCEP 合作平台"。并根据广西既有平台状况和服务 RCEP 需求,从加快打造高质量落实 RCEP 示范区,推进中国(南宁)RCEP 国际博览会中心成立,RCEP 企业服务中心打造,RCEP 多领域合作联盟组建等四个方面提出了对策。

五是以"营造一流营商环境"为目标,着眼于 RCEP 有关规则领域在知识产权、政府采购、竞争方面的高标准需求,结合自然人临时流动的公开承诺,从提高知识产权保护的国际化程度,发展国际标准化合作交流,创新国际争端解决机制,增加自然人流动及来桂作业便利度,RCEP 执行风险预警分析五个方面提出了对策建议。

第三节 构建及完善国际合作业态

一、华南地区进一步发挥桥头堡作用,深化与东盟的合作

中国双边自由贸易区的构建有效促进了世界范围内经济体间互利合作的开展,为经济全球化的持续推进发挥了更大的助力作用。从长远来看,这一进程将有利于促进世界范围内资源要素在更大范围和更深程度上的流动与配置,并最终形成一个统一开放的市场体系,进而提高整个国家或地

区的国际竞争力。当前，中国等新兴经济体积极参加双边和诸边贸易投资协定谈判，并致力于打造区域经济合作平台。自由贸易战略是构建全球高标准的自由贸易区网络，激发各国通过自由贸易区提高各自国家的经济发展，实现各国国家的发展目标，提高核心竞争力，促进全球经济共同发展。中国参与国际经贸合作与全球经济治理是自由贸易战略提供的一个重要平台，将推进自由贸易区建设的进一步发展，实现全面对外开放，构建与周边国家的友好关于，促进"一带一路"的发展，为中国和世界各国贸易与投资合作提供了制度保障，让全球市场更加开放便民化，促进全球化经济共同共赢发展，促进全人类共同繁荣与进步。而且，自由贸易区建设增强了国家间的政治互信，推动了区域经济一体化的发展。中国—东盟自由贸易区在RCEP的有力推动下，加快了国家间贸易自由化和投资便利化的速度，使得各贸易国之间的合作更加紧密和宽泛，提高了贸易国家间的政治互信。

在经济全球化快速发展背景下，中国和东盟战略伙伴关系越来越紧密，自由贸易各国参与并成功推动了泛北部湾经济合作的进程，而且南宁—新加坡经济通道合作已取得明显的成功，实践中强化港口物流合作，在金融、旅游、文化、公共卫生、互通互联和农业等方面合作已取得显著效果。中国—东盟自贸区建设正在成为一个热点和亮点。中国率先同东盟达成自由贸易协定（FTA），受中国—东盟自由贸易区示范效应影响，亚太地区其他国家也紧随其后，同东盟结成了"10+1"自由贸易区。对东盟在自由贸易中所处的核心地位，中国始终持积极支持和充分尊重态度，中国秉持包容、开放、尊重、利益平衡和共同一致等合作理念，发挥亚太地区大国作用，协商达成共识，为进一步推进亚太区域经济一体化起到了重要推动作用。从实践上看，中国在自由贸易区这一载体上，一直致力于推动区域经济一体化与经济全球化的进程，这给区域经济合作与全球经济发展带来新动力。

以广西农产品贸易为例，自从中国—东盟自由贸易区（CAFTA）成立以来，东盟国家对广西农产品贸易金额不断增加，至2015年广西对东盟国家农产品贸易金额已达 25.68 亿人民币，其中 2009 年 CAFTA 尚未成立至 2015 年广西农产品贸易金额增加 15 亿人民币左右，平均每年增加将近 24%。双方贸易规模扩大受益于自贸区建设。在经济全球化背景下，广西农产品出口面临着巨大的挑战。广西农产品要想取得进一步的突破，就必须提高自身竞争力。因此，研究广西农产品国际竞争力具有重要意义。在"早期收获计划"的不断推进和《货物贸易协议》及其他各方政策的落实下，双方绝大部分农产品都实现了零关税并简化了通关程序，使得通关环节变得更简单和便捷。这些政策措施的落实一方面可以在很大程度上减少广西农产品出口成本以扩大广西农产品出口规模，另一方面关税较低、通关环节方便意味着利润较高，可以吸引东盟农产品涌入广西市场并增加广西农产品进口规模。

华南地区要深耕传统的东盟市场。构建 RCEP 和中国—东盟自由贸易区（CAFTA）税率比较清单，加大对东盟国家电子电器产品、运输工具、汽车零部件、机械设备、金属制品和化学工业品的出口力度，推动东盟国家铁矿石、铜矿石、铝矿、煤炭等大宗商品及用于电子信息产品生产的原辅材料、特色商品及消费品的进口。加强对越南的投资合作，积极拓展与老挝、柬埔寨、缅甸等国的经贸往来。加大对泰国、印尼、马来西亚、菲律宾等国的直接投资力度。支持加快构建广西北部湾经济区中国—东盟大宗商品交易平台。

此外，中国要利用"一带一路"建设的新机遇，深入开拓东盟市场。"一带一路"是亚投行的主力军投入的资金，在国家政策的大力支持下，周边各国也积极响应。这一切，为"一带一路"建设打下了发展基础。CAFTA 与"一带一路"在许多地区不谋而合，广西连接东盟海陆，地理位置独特，是"海上丝绸之路"和"丝绸之路经济带"有机连接的主要通道，双方均可享受"一带一路"的优惠与便捷。目前，中国—东盟自由贸易区已经建成并进入实质性推进阶段。在这一背景下，"一带一路"战略也将给中国经济带来难得的历史机遇。例如，广西作为我国西南地区最主要的出海通道之一。这几年，广西同东盟交流合作持续加强和加深，投资贸易推动作用越来越显著。此外，CAFTA 也将对中国—东盟自由贸易区产生积极影响。因此，在此背景下，中国有必要加快推进"一带一路"战略。中国具有良好的区位优势及丰富的自然资源。同时中国港口、物流潜力大，有钦州保税港区这样一个平台。这几个方面为中国在"一带一路"的推动下开拓东盟市场创造了良好的条件。中国可借助这些优越条件加强同东盟交流合作、重点打造海陆中枢、构建跨境产业链、推进贸易物流、打造配送中心元素和紧密文化交流。

此外，如果企业想要在 RCEP 大市场的竞争中取得更大的利益，那么就必须要了解规则、学习规则和运用规则。这就需要企业能够在最短时间内，对 RCEP 中关于商品、服务和投资等方面的具体优惠条款和相关规则进行充分的了解，比如运用好原产地累积规则和投资负面清单，与此同时，还要对各个国家的海关程序和物流通关流程进行密切的关注。要对 RCEP 中关于服务贸易和投资承诺进行更大的开放力度的发展趋势给予足够的关注和掌握，并与公司自身的发展前景相结合，在适当的时候，将公司的业务拓展到跨境电商供应链体系、物联网和贸易金融等高端服务业领域。此外，RCEP 给公司提供了机会，但也增加了公司的竞争压力。所以，在完全融入 RCEP 大市场的过程中，公司也要加速公司的转型升级，并提高公司的核心竞争力。

二、借助 RCEP，积极开展和日本、韩国、澳大利亚及新西兰合作

区域全面经济伙伴协定和中日韩自由贸易区，是中国同周边国家或地区进行的两项主要自由贸易协定的谈判。在 RCEP 框架下，中日韩三国之间的合作潜力巨大。在 RCEP 框架下，韩国的经济实力和技术水平都很高，中国和韩国之间有很多合作项目。在韩国，有很多先进的制造业，同时也有很多科技创新企业，如三星、LG、现代等企业都在中国市场设有工厂，贸易额达到 2.3 万亿元，较 2020 年增长 30.1%，占中国外贸总额的比重从

2020 年的 11.8% 上升到 13.4%。在 RCEP 的框架下，中国和日本、韩国、澳大利亚及新西兰的贸易也在快速发展。此外，RCEP 的实施对于中日韩三国之间的贸易合作也有推动作用。2020 年中日韩三国之间贸易额为 1.2 万亿元，其中中国对日贸易额为 7105 亿元，占总贸易额的 13.5%；对韩贸易额为 7118 亿元，占总贸易额的 16.3%。RCEP 生效后，中日韩三国之间贸易往来会进一步密切，贸易规模将会进一步扩大。

因此，RCEP 已成为亚太地区最大的区域合作机制之一，为促进各国经济社会发展发挥着越来越大的作用。在这些自由贸易区中，RCEP 谈判是东盟在 2012 年率先启动的，也是迄今为止中国参加谈判规模最大的自由贸易区之一。2019 年 11 月，RCEP 在泰国曼谷召开第 3 次领导人会议，中国同东盟、韩国、新西兰、澳大利亚和日本等 15 个成员国就准入市场问题的谈判均已结束，中国提出的"加快建设周边自由贸易区"的战略目标成效显著。以 RCEP 为基础推动中日韩自由贸易区谈判获得实质进展是中国"加快建立周边自由贸易区"战略目标中的一项重要工作。

中日韩自由贸易协定（FTA）谈判已结束 15 轮。由于中日韩三大国的经济利益，地缘政治甚至美国等原因，自由贸易协定（FTA）的谈判进展并不完全顺畅，特朗普上台后美国政府实行贸易保护主义，中日韩三国成为这一贸易保护的重点目标，给三国的经济与贸易发展带来很大影响。为了应对美国贸易保护和规避全球经济不确定性风险，中日韩三国已就全面加快自由贸易协定（FTA）谈判达成一致，中日韩自由贸易区建设迎来新机遇。中日韩三国全面加快了 RCEP 的谈判步伐，中国应该加强同日本、韩国之间的交流，对短期难以化解的历史政治纷争进行有效控制，并致力于政治互信、互利共赢的强化和累积。与此同时，RCEP 谈判打破了传统思维，调和了农产品市场准入，敏感产业过渡期还是适度保护，服务业市场开放以及自由贸易区标准与规则方面的差异，从而进一步加快了中日韩自由贸易区合作。

中国应拓展与日本、韩国、澳大利亚、新西兰贸易。结合中国产业发展特点，梳理形成RCEP可降税进出口商品名录。充分利用中国和日本关税减让安排机遇，鼓励从日本进口集成电路、半导体、仪器仪表、汽车零部件、医疗器械等零关税商品，扩大向日本出口中国优势特色农产品。赴日韩澳新举办中国中国商品博览会，组织企业低成本、高效率开拓日韩澳新市场。鼓励中国电子信息企业引进日本、韩国先进技术，重点推动手机等智能终端、新型显示、声学光学电子元器件以及第五代移动通信技术（5G）设备等产业发展，将符合条件的项目优先列为自治区"双百双新"产业项目予以支持。实施"千企开拓"外贸强基础工程，重点推动机械、汽车、电子信息、建材、化工、生物医药、中药、香料、农副产品等中国优势重点行业企业不断扩大在RCEP其他成员国的市场份额。

三、借助RCEP的发展作用，尝试与RCEP成员国外的其他国家开展合作

2015年3月国家出台《推动共建丝绸之路经济带和21世纪海上丝绸之路的愿景与行动》（以下简称《愿景与行动》），文中明确提出"积极与沿线各国（地区）商建自由贸易区"。其《若干意见》对中国自由贸易区布局做出了细致规定，并把积极推动"一带一路"沿线自由贸易区建设作为这一布局中的一个重要环节。其中，"一带一路"沿线自由贸易区建设的有效推进是当代中国实施自由贸易区战略的重要取向与目标诉求，要将自由贸易区建设与"一带一路"倡议相衔接，利用协同效应产生发展合力，为构建开放型经济新体制这一总体战略提供联合服务。当前，我国辐射"一带一路"建设的自由贸易区布局已初见成效，在已与我国签订自由贸易协定（FTA）的合作伙伴中，有15家分布在"一带一路"国家。"一带一路"沿线国家或地区众多，沿线国家之间经济水平差异较大，因而利益诉求也各不相同，所以自由贸易区建设进程中并不存在统一模板与模式，需要按照平等与开放原则找到利益共同点，通过差异化战略整体推进与重点突破来打造多层次与多类型自由贸易区网络。本研究通过对现有研究文献进行

梳理分析后认为,"一带一路"建设背景下自贸区建设应该注重建立符合自身特点的合作模式。从国际上看,RCEP(自由贸易协定)具有较高可行性。具体来讲,可把斯里兰卡、海合会、以色列、巴勒斯坦、摩尔多瓦、蒙古、印度、尼泊尔、孟加拉国作为合作对象进行建设,并加快与之开展RCEP谈判及可行性研究的步伐,最终实现由点到面,由线及面的自由贸易区网络格局。与此同时,"一带一路"沿线作为区域经贸安排密集地区,如南亚区域合作联盟(南盟)、欧亚联盟(欧亚联盟)应重视自由贸易区建设中与沿线其他地区经贸安排之间的整合和协调,强化扶持和合作,做到互动和对接。

基于巩固周边,深耕"一带一路",中国从全球战略眼光出发,同若干国家(主要是非洲、拉美、新兴经济体以及大经济体量发达国家)就自由贸易区建设取得了重大突破进展。在此背景下,中国可继续沿着先易后难,先小后大,先中后大,先大后小,先中后小的道路,有侧重地在世界范围内积极发展自由贸易区合作伙伴,从而面向全球建立自由贸易区网络,拓展同其他国家利益交汇的空间。与此同时,应注意到,中国要想成为真正意义上的自由贸易强国,还需要不断推进区域内自贸区谈判进程,争取早日加入世界贸易组织并建立起区域性的多边合作机制。中国已建立的自由贸易区将具有贸易创造效应,同经济体量较大国家或地区建立自由贸易区将给中国带来更多贸易创造效应,应创造条件,积极试行同欧盟和其他经济体建立自由贸易区的谈判。

第四节 促进制造业和服务业提质增效

一、完善产业链建设,打造产业化体系,推动出口贸易,增强核心竞争力

一是推动制造业生产规模进一步增长。中国作为全球制造业大国,自由贸易区的建立为我国制造业的发展开辟了广阔市场，拉动了以机电产品等为代表的生产规模的不断扩大，并以出口来推动资源的有效配置和生产效率的提高。以中国—瑞士自由贸易区为例，《中瑞建交 65 周年经贸回顾与展望》一书指出：2014 年自由贸易协定（FTA）生效后，中国向瑞士出口呈明显上升态势，主要涉及在电话机、电器和电子产品、家具、灯具、计算机和通信技术产品、金属制品、箱包等领域。因此，我国要加快培育壮大新动能。加快新一代信息技术、高端装备、新材料、生物医药等战略性新兴产业集群发展，推进互联网、大数据、人工智能和实体经济深度融合，建设一批特色产业集群，推动制造业数字化、网络化、智能化转型，推动产业向全球价值链中高端跃升。同时加快传统产业优化升级。坚持"巩固、增强、提升、畅通"八字方针，深化供给侧结构性改革，着力在"巩固"上下功夫，在"畅通"上下功夫，促进工业经济平稳运行。进一步巩固提升传统优势产业，加快培育壮大新兴产业。

二是较好地保证了制造业的原料供应。中国许多自由贸易区伙伴都是拥有比较丰富资源的发展中国家，这有助于满足中国制造业在原材料和半成品方面更大的发展需要。如东盟国家的石油、橡胶输出，巴基斯坦棉花输出，智利、秘鲁、澳大利亚的铜、矿砂输出以及新西兰羊毛输出，充分保证了我国制造业发展对原材料的需求。与此同时，中国在电子、机械产品的生产上，对自由贸易区伙伴国或地区半成品、零部件的进口也是制造业发展的保证。以中国为例，中国自智利输入的产品以 HS74- 铜和铜制品为主，约占中国自智利输入总量的 45%，而自秘鲁输入的产品则以 HS26- 矿砂，以矿渣和矿灰为主，约占我国自秘鲁输入总量的 70%，均为我国制造业中的重要材料。

三是推动制造业结构调整与转型升级。RCEP 使投资便利化成为可能，中国对伙伴国或地区的投资持续增强，推动制造业结构调整和升级。一方面我国自由贸易区伙伴新加坡，韩国和澳大利亚等国家经济比较发达，技术水平比较高，另一方面我国外资来源地比较多，这对于提高我国制造业技术水平具有推动作用。而中国则借助自由贸易区这一平台，实施"走出去"战略，加大对巴基斯坦、缅甸、柬埔寨、老挝等发展中国家投资力度，使国家与国家之间资源能够有效分配，拓展自由贸易市场，将过剩产能输出去，同时可借助本地劳动力、土地等资源优势进而增强我国制造业竞争力。具体来说，我国应大力发展高端装备制造产业，重点推进机器人、高端数控机床、特种机器人、增材制造等重大专项工程建设，加快形成一批具有较强竞争力的特色优势产业集群，打造先进制造业创新发展示范基地。积极培育战略性新兴产业，重点发展以先进制造业为核心的战略性新兴产业，重点发展电子信息、节能环保、新能源等先进制造业；着力培育一批高技术产业和战略性新兴产业骨干企业，鼓励支持企业参与国家重大科技专项和重大工程建设。大力推进信息化与工业化融合，积极培育一批智能制造示范工厂和数字化车间。同时围绕补短板、强弱项，加强制造业关键技术、核心技术攻关，加快推进高端装备创新，重点发展航空航天装备、海洋工程装备及高技术船舶、先进轨道交通装备、节能与新能源汽车、智能制造装备及机器人、电力装备和农机装备等产业，着力培育一批拥有自主知识产权和知名品牌的先进制造业集群。大力发展高技术产业。实施高新技术企业培育工程，加快建设创新型城市，大力推进国家自主创新示范区建设。坚持走新型工业化道路，持续推进"两化"深度融合，大力发展智能制造、服务型制造，培育发展新动能。积极构建制造业创新体系，推动重点行业企业研发机构全覆盖。

四是构建特色优势跨境产业链。加强与 RCEP 其他成员国产能合作，推动形成"日韩澳新＋中国＋东盟"的电子信息、化工新材料、中药材加工、汽车和新能源汽车、东盟特色产品加工等跨境产业链供应链价值链。加大力度引进产业链"链主"企业，探索建立动态管理的中国自贸试验区跨境产业链龙头企业白名单制度。强化产业链协同创新，加快引进和布局一批面向东盟的战略科技平台，建设跨境产业链双向离岸创新平台及"创新飞地"，加快建设中国—东盟科技城。推动设立中国—东盟跨境产业园区合作联盟,加强与境外经贸合作园区上下游产业链互动,实施与东盟国家产业园区"串链行动",优化产业链供应链布局。依托跨境金融区块链服务平台,发展供应链金融、跨境物流等跨境服务链。探索设立面向东盟的跨境产业链投资基金、风险投资基金、研发中心等。加快建设产业链公共服务平台,为企业开展跨境产业合作提供信息与咨询服务。

五是保障区域跨境供应链畅通。加快推进西部陆海新通道建设,着力补齐广西北部湾港口设施短板,重点发展面向东盟的海运航线,拓展远洋航线,提升广西北部湾国际门户港航运服务中心功能。完善西部陆海新通道海铁联运物流体系,深化海铁联运"一单制"改革,支持在RCEP其他成员国设立集装箱海外还箱点。推动完善中国——中南半岛跨境陆路运输体系,积极搭建中国——中南半岛跨境运输综合信息服务平台,大力发展跨境陆路运输。加快推进南宁临空经济示范区建设和南宁吴圩国际机场改扩建工程,加大连接东盟主要机场的国际货运航线开发和培育力度,打造南宁国际航空物流枢纽。大力培育跨境冷链物流体系,建设区域性冷链物流中心,鼓励发展航空、铁路、公路、海运冷藏集装箱运输。加快建设中国——东盟多式联运联盟基地和服务中心。具体优化途径如下:首先,应加快推进"单一窗口"建设。支持有条件的地方和园区建设跨境电商综试区"单一窗口",打造面向国际的集货中心、通关监管服务平台和信息交换平台。支持有条件的地方和园区设立国际邮件互换局,推进国际邮件互换局与海关、边检、海事等部门间的国际邮件互换局(交换站)互联互通,提高"单一窗口"运行效率和监管服务水平。其次,提升口岸通关效率。推进"提前申报""两步申报"改革,提高通关效率。充分发挥"两段准入"改革效能,推行进口货物"船边直提"和出口货物"抵港直装",提高货物进、出口岸效率。提高出口退税审核办理速度,对符合条件的出口企业及时退税。积极推进口岸收费目录清单公示制度。最后,改善口岸通关环境。优化海关监管流程和作业方式,加快推进非侵入式查验和"两步申报"改革,降低通关成本。加强与相关部门信息共享和业务协同,推动实现口岸查验部门与运输企业信息共享，提高联合查验效率。积极推进国际贸易"单一窗口"标准版建设，扩大"单一窗口"服务范围。深化国际合作交流。鼓励支持有条件的地方建设进口贸易促进创新示范区，大力发展保税维修和再制造等新兴业态。依托自贸试验区、综合保税区、跨境电商综试区、进口贸易促进创新示范区等平台，开展多种形式的国际合作交流。

二、打造社会服务链，形成物流、金融、旅游、社会保障等一系列对外服务的升级改造

国家为了加大外商投资力度改善外商投资环境而签订自由贸易协定（FTA），并许诺减让将"进入后国民待遇加正面清单"列为服务贸易开放主要管理制度，有的还许诺扩大许诺范围和开放领域使整体水平超过加入WTO前的许诺。以深化开放领域为例，与加入WTO前相比，向东盟，新加坡、瑞士、韩国、澳大利亚、巴基斯坦、智利、新西兰作出了更多承诺，都达到了10项或更高程度，而扩大承诺领域为东盟、新加坡、巴基斯坦、瑞士、澳大利亚作出了更多更高程度，都达到了更高程度，更高程度都达到了更低程度，其中以教育领域，娱乐文化活动领域，商业活动与运动领域，物流运输领域为重点，向东盟新作出了20项或更低程度。取消或降低关税和非关税壁垒方面，除最惠国税率外，其他所有政策都有大幅度削减。此外，还取消或降低货物税和消费税，并大幅减少资本项目限制。从总体看。由于我国内地和港澳地区同属一个主权国家，所以在内地和港澳之间较密切经贸关系的安排之下，服务贸易开放程度比较高。《内地与香港（澳门）CEPA服务贸易协议》（以下简称《协议》），既巩固了香港自由服务贸易又给内地服务业发展注入了生机，根据《协议》规定内地第一次对服务贸易领域实行全面开放，采取"准入前国民待遇加负面清单"，并对港澳地区服务贸易自由化基本放开。除内地和港澳关系走得比较紧密外，中澳自由贸易区服务贸易开放度最大。澳大利亚作为西方发达国家和中国服务贸易进一步发展，第一次通过负面清单形式承诺服务贸易开放，而中国向

澳大利亚开放的承诺达 37 个，极大地提升了中澳服务贸易开放程度。并且，为了推动中澳双边间合作，充分发挥优势互补特色，在国内自由贸易试验区自主开放举措上加入了中澳自由贸易协定，同时拓展开放卫生相关业务和社会服务及金融等较为敏感的领域，对商业、交通等业务的开放力度进一步加大。

RCEP 服务贸易开放承诺使我国服务业出口有了更多可供选择的空间，推动自由贸易服务业市场的开放和我国服务业出口规模的不断扩大。对作为自由贸易伙伴的发达国家而言，中国发挥人力资源优势，在软件与信息服务领域向新西兰、新加坡、澳大利亚及港澳提供了大量外包服务以及积极的金融与其他服务领域合作。如中国与澳大利亚自由贸易协定（FTA）下的中澳合作更宽泛化，金融上中国银行和中国工商银行便利了中资企业的海外融资，并在澳大利亚指定设立了多家分支机构使金融贸易服务更便利化。以自由贸易区伙伴发展中国家为对象，服务业市场开放给中国工程承包、建筑服务等出口提供更大机会。以中国承包巴基斯坦的项目为例，2005 年中国完成的营业额只有 6.61 亿人民币，2018 年上升到 112.71 亿人民币。

高标准自由贸易区的构建势必需要在拓展开放领域的同时进一步提高开放水平，此外自由贸易区谈判对象将越来越多，经济实力也将越来越强，从而对我国产业体系产生更大的外部冲击和不可忽视的潜在产业安全。对此，必须采取积极而有效应对策略，建立更为开放的经济安全观和以保障国家产业安全为前提，以健全补偿机制来平衡产业部门之间利益。借鉴欧美发达国家经验加快建立健全自由贸易区产业补偿与保护机制，如借鉴美国与印度经验成立独立部门或者机构规范自由贸易区产业开放过程，实时监测敏感产品与部门所受影响，增强适用 WTO 规则、RCEP 贸易救济与一般保障措施规定的能力，使产业开放不利影响降到最低。时机成熟后，构建贸易调整和援助机制这样一个综合全面的开放补偿机制不仅能够均衡市场开放中的利益配置，更是对本国弱势产业成长的一种缓冲。要坚持从实际出发、因地制宜、循序渐进的原则，逐步探索构建符合国际通行规则和我国自身需求的补偿机制，推动产业结构优化调整。针对不同行业制定有针对性的补偿政策。提高产业技术水平。同时在补偿机制的实施过程中考虑到新时期中国基本国情及产业发展与全球化策略等因素，构建自由贸易区与产业发展的对接机制，通过自由贸易区建设来推动国内产业竞争力的增强。一方面随着世界各国尤其是发达国家产业结构向高级化演进，国际分工格局发生重大变化，新一轮全球化浪潮席卷全球。一方面，世界主要经济体都加快实施"再工业化"战略，大力发展高端制造型产业。发达国家目前已经提出工业升级与制造业复兴的战略、通过与其建立自由贸易区，强化行业之间的协作，吸引先进适用技术，研发人才，先进管理方法及经验涌入，同时发挥先进技术及管理经验外溢效应，带动战略性新兴产业，现代制造业及服务业技术进步，提升行业创新能力及竞争力，打造全球行业发展新高地。另一方面，发展中国家则正在借助自身廉价劳动力吸引行业入驻，借助自由贸易区这一平台与发展中国家进行行业协作，推动我国传统制造业企业走出国门，借助发展中国家劳动力、土地、自然资源等传统生产要素优势，从更广阔的空间优化资源配置，协同本国供给侧结构性改革提升整体竞争力。

比如在广西进出口物流方面，应加强物流体系建设，全面推进桂林、柳州、南宁等国际物流园加快建设，构建现代化物流枢纽体系；强化物流组织，持续扩大物流规模，力争全年北部湾港集装箱吞吐量 600 万标箱以上、海铁联运班列开行 6000 列以上；全力推动降费优服提效，深入实施降低北部湾港口中介服务收费的专项行动，多措并举推动北部湾港综合收费持续降低，不断提升西部陆海新通道吸引力和竞争力；尽管 2018—2019 年广西安排对外经贸资金、商务发展专项资金和加工贸易倍增资金等 20 多亿元大力支持了外贸项目发展，但 RCEP 签署后广西需要进一步降低物流收费，进一步加强基础设施建设。建议筹集更多的资金来加快推进南宁吴圩国际机场改扩建第二跑道、规划建设大通关基地、临空物流园、加密现有南宁至东盟国家航线空中走廊等的建设；执行延续机场收费、空管费和航空煤油进销差价优惠规定，并对海运口岸收费进行专项清理整顿，进一步精简合并收费项目，完善海运口岸收费目录清单并实行动态管理，确保清单外无收费项目。①

第五节 改善营商环境

一、招商引资，加强各项配套措施的落地

针对营商环境，从当前来看，中国对东盟全面经济合作框架协议（CAFTA）中涉及许多服务业领域，包括金融、保险、电信、旅游、文化、教育、卫生等方面。针对协定中服务贸易总体开放承诺显著高于成员国间现有自贸协定这一事实，会议提出应依据我国对研发、管理咨询、制造相关产业、养老服务、专业设计、建筑等诸多服务部门作出的新的开放承诺，逐一落实开放措施。在制定具体实施措施的同时，还应抓紧对协议实施有关规章制度进行梳理和完善，从而为 RCEP 的合法、合规、保证协议所规定约束性义务得到落实、保证行政措施及流程得到遵守等方面提供政策环境。基于此，一方面应落实既有对外服务与投资各个领域的开放举措，不对外商施加新的限制，另一方面应以服务投资开放为契机，综合运用便利化与营商环境改善的集成政策引导企业在区域内更好布局产业，吸引外资企业来中国投资并充分利用协定红利。

二、注重税收优惠，提高纳税服务水平

为了服务于中国企业更好地运用自贸协定优惠政策拓展国际市场和提

---

① 张学诞、秦书辉、陆昌珍. RCEP 背景下促进广西对外贸易发展的关税政策研究 [J]. 经济研究参考，2022（2）.

高市场竞争力，应该以税收优惠政策促进企业 RCEP 利用率的提高。借助全国贸促系统发放自贸协定项下的优惠原产地证、原产地规则调研等方面的大量经验与资源进行调研，总结提炼出企业运用自贸协定优惠政策策略模式，并从全球产销布局策略方面对企业进行自贸协定关税筹划及其他咨询服务。协助当地企业对 RCEP 项下进出口货物优惠关税进行查询确认、对比优惠关税及 MFN 关税税差、指导企业以税差为"卖点"打开 RCEP 成员国销路、锁定有高税差 RCEP 成员国及相关产品优先打开销路及优先打开销路、协助企业破解运用优惠关税政策中遇到的难题及难题、协助企业实现国际化经营。中国商务、海关、税务、财政、贸促会等政府部门和行业协会机构应积极组织力量研究和培训 RCEP 协定内容，尤其是要掌握 14 个 RCEP 成员国的关税减让情况，帮助企业了解可能出现的贸易纠纷和风险，结合我国贸易发展的实际情况，有针对性地加大对协定规则的广泛宣传，指导进出口企业熟悉和掌握相关协定涉税内容，最大限度地促进我国企业获得出口利益。

进一步强化我国服务业税费政策扶持，以扶持生产性服务业为重点，研究出台扶持服务业税收、关税等优惠政策，促进先进制造业与现代特色农业、现代服务业融合发展；加快检验检测服务平台建设，发展交通运输、仓储物流、文化旅游和会展服务，促进若干现代服务业集聚区提档升级；加快实施中国—东盟检验检测认证高技术服务集聚区第二阶段工程。紧紧抓住 CEP 在 RCEP 上签字、中欧投资协定谈判结束等有利时机，实施"外贸强基础""千企开拓"等项目，培育做强外贸龙头企业。深化"放管服"改革，优化营商环境。继续开展商事登记制度改革试点。加快边境贸易服务的创新与发展，实施"百企入边"行动，给予边境企业更优惠的税费政策支持和更完善的服务配套保障，推动边境口岸扩大服务业投资开放。[①]

---

① 张学诞、秦书辉、陆昌珍. RCEP 背景下促进广西对外贸易发展的关税政策研究 [J]. 经济研究参考，2022（2）.

此外，要从征、纳双方的办税需求入手，完善纳税服务手段。税务机关主动适应多数纳税人需要，对计算机网络进行持续改造，提升网络速率，对实体办税软件进行优化设计，创建网上办税系统等，努力扩展更加方便和有效的现代纳税服务范围，满足社会发展和加强税企交流的需要。例如通过电子信箱、QQ群等方式，税务干部可对纳税人进行纳税提醒，预约办税和税收咨询，扩大了服务外延。①加强纳税宣传，营造良好氛围。设立"纳税人俱乐部"这样的网络互动方式使得交流更加直接和客观，使得纳税人足不出户就能轻松完成税收工作。②以纳税人的根本需求为出发点，增强纳税服务理念。纳税人在市场经济中处于主体地位，创造着公共财富，希望受到全社会尊重、享有公平竞争税收环境、优质高效纳税服务。在依法行政进程中，税务机关应以公开、公平、公正执法为管理和服务的契合点，寓管于服，将工作主导方向从主要满足其征税管理需要转向主要服务于纳税人纳税需要，并在管理进程中充分展现纳税人的权利与尊严，真正保障其权益，培养主动服务的意识，把握其需要，增强对其的服务。同时要加强与其他部门间信息共享和业务协作。③以纳税人的实际需要为出发点优化纳税服务方式。以纳税人为本，建立信息化服务网络，通过优化征管业务流程和健全纳税服务体系等措施，实现办税程序的简单和便捷，为纳税人办税提供个性化和特色化服务，降低纳税人成本。在进行同城办税时，纳税人可以就近选择办税服务厅进行涉税事务处理，从而提高办税效率和降低纳税时间成本。明确税务机关职能部门责任，构建良好衔接机制，尽主动告知义务。整合办税流程、简化办税程序、优化办税效率。

三、提升知识产权保护国际化水平

开展RCEP成员国知识产权法律制度研究。推动国内外知识产权专业服务机构在华南地区设立分支机构。加快推进中国（南宁）知识产权保护中心、中国（海口）知识产权保护中心建设，提供知识产权快速审查、快速确权、快速维权"一站式"综合服务。推动中国—东盟知识产权运营平台向 RCEP 其他成员国拓展。强化知识产权保护，开展知识产权保护专项行动，完善侵权惩罚性赔偿制度，提高侵权成本。加强海外知识产权风险预警、纠纷应对、维权援助等服务，助力企业"走出去"。加大对知识产权保护的监督检查力度。加强知识产权执法监管，严肃查处不正当竞争、侵犯商业秘密、商标侵权、假冒专利等违法行为。严格规范专利代理行为，严厉打击专利代理机构不正当竞争、侵犯商业秘密等违法违规行为。

同时，运用"双轨制"的保护方式，以提升保护知识产权的效能。由知识产权管理机关进行的行政保障与法院进行的司法保障是平行进行的，后者的速度快、费用低，可以快速恢复被侵害人的权利；司法保障以其稳定、规范等优势，能够对受害人的损害给予适当的补偿。企业应针对所面临的各种类型的侵权行为，采取相应的保护措施予以补救。在司法实践中，行政执法机关与司法部门应当通力合作，共同推进，真正实现不同救济方式之间的优势互补。

四、积极推进地方配套措施

为加快发展新格局建设，各地应积极推进当地配套措施落实，以充分把握 RCEP 带来的发展机遇。在具体制度设计上，可以从完善口岸营商环境、培育创新发展主体、提升自主创新能力、拓展国际营销网络等方面着手。在区域经济一体化进程加速背景下，我国对吸引外资也提出了更高要求。例如，2019年以来，广西陆续出台了稳外资16条《广西招商引资激励办法》、《关于明确利用外资有关政策措施兑现事项的函》等政策文件，鼓励外商直接投资，并对外资企业进行1亿元以下的激励，就激励条件而言，还采取全国最广泛的办法，凡属于负面清单之外的产业都可以申请引资奖励。这不仅为企业带来更多发展机遇，而且能激发市场活力，促进经济结构转型升级。此外，中国努力打造国际化、高标准的营商环境。另外，政府通过"放管服"改革、"互联网+政务服务"等措施进一步提高办事效率。中国营商环境的七个重点评价指标与世界银行的标准高度一致。第三方评估调查发现，2019 年度企业对于中国营商环境的满意程度比 2018 年度有所上升，超过 9 成的企业认为中国营商环境有所改善。

第六节　扶持和加强专业人才培养体系

一、国际经贸规则专业建设

在现今全球经济一体化新形势下，国际经贸已成为当今发展的必然趋势，关注国际经贸发展、认识国际经贸发展态势对增强国际经贸抗风险能力和持续发展具有十分重要的作用。国际经济与贸易是我国改革开放以来经济类专业中最为活跃和引人瞩目的专业之一。目前，国内许多院校已开设该专业，并取得了良好的效果。然而，由于种种原因，目前仍有一些问题亟待解决：一是课程设置不够科学；二是人才培养目标不明确；三是师资队伍力量薄弱。随着我国加入 RCEP，国内外市场进一步对接，急需一批有扎实国际经济与贸易理论基础，通晓国际贸易实务和精通外语的专业人才。为此，高校要强化国际经贸规则，培育学生比较系统的能力结构（包括知识获取能力，知识应用能力，创新思维能力以及跨文化交流能力），以适应我国经济与社会发展对国际经济与贸易类应用型、复合型、创新型人才需求。各地区各院校要根据实际情况，在国际经济与贸易专业上进行合理定位，突出特色，办出档次。按照应用型人才培养要求，强化校企深度合作，"人才需求—联合培养—就业反馈—教育完善"合作方式，拓展校企合作链，在"RCEP"环境下培养适应企业需要的新型外贸人才，达到校企双赢。

二、专业培训

中国外贸企业尚不够熟悉 RCEP 相关规定将可能导致市场战略规划滞后。例如，2020 年，广西进出口企业利用协定税率进口越南货物的经营单位只有 516 家，仅占进口越南货物企业的一半。RCEP 协定内容共有 1 万多页，正文部分包括 20 个章节，涉及货物贸易、服务贸易、原产地规则、电子商务、自然人临时移动、政府采购、竞争、争端解决等诸多方面。据了解，目前仍有不少企业对协定内容缺乏深入广泛研究，相当一部分外贸企业没有掌握其蕴含的促进地方和企业发展的各类政策和优惠待遇，进而无法提前抓住机遇尽快占领成员国市场。必须建立专业人才为企业服务的坚实基础和畅通机制。[1]

就专业培训而言，一是实施中国—东盟博览会和 RCEP 博览会人才工程。借助广西国际博览集团有限公司（以下简称"广西博览"）人才激励的弹性，健全人才引进、使用、管理、服务和激励机制，使更多国际化、专业化和经验丰富的会展人才参与到中国—东盟博览会和博览会人才队伍中来。同时加大对会展企业和从业人员培训力度，提升其专业技能水平。通过举办大型国际会议，进一步扩大影响，树立良好品牌形象。充分发挥行业协会作用，搭建行业交流平台，为会展业健康持续发展提供支持。第二，积极引进高层次专业人才。遵循"不求甚解，但求于用"，建立与有关专业机构常态化合作机制。通过举办各类国际会议、论坛及项目洽谈会等方式吸引高端人才来华工作或创业；以产业集群为依托，鼓励有条件的企业开展跨国经营活动；设立境外就业岗位。着力引进中国—东盟博览会和博览会发展迫切需要的自贸区研究、会展策划、会展营销、会展管理、高级翻译、国际金融、跨境电商方面的人才。目前我国会展业存在缺乏专业人才、从业人员整体素质不高以及服务意识薄弱等问题。可以通过各种渠道培养会展专业人才队伍，及时与各院校共同开设会展专业、建设人才培养基地、构建专科至研究生多层次人才培养体系。创新培养模式，构建以能力为导向的"双师型"师资队伍。完善教学条件平台，加强校企合作，

---

[1] 张学诞、秦书辉、陆昌珍. RCEP 背景下促进广西对外贸易发展的关税政策研究 [J]. 经济研究参考，2022（2）.

提升学生实践动手能力；优化课程结构，整合课程内容。强化在职人员再学习、继续教育，编制会展从业人员技能训练、福利计划，健全人才培养储备机制。

三、知识宣传和普及等

RCEP 文本与规则专业性强、内容庞杂、成员国之间协定规则交错，提前进行深入研究利于先行先试。从我国实际出发，RCEP 将成为中国参与国际经济治理的重要平台。RCEP 也给中国带来了前所未有的机遇和挑战。如何利用这一契机？基于这种情况，中国要尽快整合社会资源并建立专家队伍，到企业、协会商会及机构进行调查研究，上门服务，对协定关税策划、规则运用及原产地合规管理进行深入研究，并对本土企业提出应对方案。适时举办本地区相关自贸协定巡讲会等活动，使企业能够合规应用自贸协定规则引导生产经营、完善战略规划、享受自贸协定红利、增强抗风险能力与水平。政府部门要加强与协定执行有关的培训，协助企业特别是小微企业了解协定规则的内容及成员国关税减让的规定，熟练掌握原产地证书的申请流程、凭证等要求。充分发挥广西广东作为西部地区对外开放桥头堡作用，积极参与区域经济一体化进程，促进东盟国家之间贸易投资便利化，提升国际竞争力。此外，充分利用中国—东盟博览会这一重要的交流与合作平台邀请更多的 RCEP 成员国的政府官员，企业代表以及媒体记者出席，以扩大影响力。积极开展国际合作，拓展海外市场；加强与"一带一路"沿线国家的经贸往来；建立对外宣传平台，扩大对外开放程度。充分发挥东盟地区在中国—东盟自由贸易区建设过程中的桥梁作用。与此同时，还深入开展了包含旅游、教育、文化、艺术、科技、医疗、体育、媒体、智库和会展在内的人文交流活动。积极借助新闻媒体和宣传机构发展以社交媒体为主的外宣系统，提升中国及友好国的影响力。

第七节　创新国际争端解决机制

支持在法律事务上同 RCEP 的其他成员进行合作，推动仲裁、调解、公证和鉴定法律服务的多元化发展，支持市场主体通过法律约定选择解决商事纠纷的途径。发挥中国—东盟自贸区在区域经济发展中的重要作用，加强双边和多边贸易谈判机制建设。鼓励中国自贸试验区联合东盟国家知名国际仲裁机构，经国家有关部门同意后引入国际仲裁机构从事仲裁业务。

一、构建 10+5 商事、海商事争端解决机制

中国大力推行"一带一路"建设，取得显著成效。国家为了解决"一带一路"建设中产生的国际争端，已经在西安设置了国际商事法庭，力图将"一带一路"沿线国家争端通过一站式服务，即调解、仲裁、诉讼一揽子解决。中国可以借助"一带一路"沿线国家争端解决机制，支持与 RCEP 成员国开展法律事务合作，促进法律送达、鉴定、查明、公证、调解、仲裁、诉讼等法律途径化，鼓励律师跨国提供法律服务等。更多鼓励商事主体选择调解、仲裁等非诉解决方式。国家层面构建 RCEP 商事、海商事争端解决机制，同时中国可以先行一步，鼓励中国自贸试验区与东盟国家国际知名仲裁机构合作，引进国际仲裁机构开展仲裁业务，可利用中国本土具有中国国际经济贸易仲裁委员会仲裁员及中国海事仲裁委员会仲裁员资质的人才，高校涉外法律人才等，在中国贸促会下设置仲裁机构，开展 RCEP 成员国商事、海商事争端调解、仲裁解决纠纷业务。

建立国际化、多元化的纠纷处理机制。维护商业秩序除需事先厘清交往规则并在事中加强监督和秩序维护外，更重要的是要在事中为市场主体提供方便且成本较低的纠纷解决机制以方便商事纠纷的解决和保障其合法利益。从目前情况看，我国已经初步形成了多元化纠纷解决机制体系。但是，

由于历史原因、体制因素等多方面的影响，现行纠纷处理方式仍然存在不少问题。如何完善现有的多元纠纷解决机制？尤其在与公权力相关的行政案件和"一带一路"倡议下的对外经济交流活动中，地方司法机关是否能够提供值得信任的纠纷解决机制显得尤为重要。为此，（一）各地要在持续推进司法公开工作的前提下，将有指导性、宣传性意义的涉及企业权益的案件进行梳理、阐述并予以披露，增强司法权威与公信力，也可为市场主体市场决策提供借鉴。（二）强化法律服务市场发展与纠纷解决机制配套。（三）采用调解、仲裁和诉讼三种不同模式，同时保证制度间衔接性和互补性，构建注重司法权威的多元化纠纷解决机制。我国《民事诉讼法》第133条规定，人民法院有权判决当事人履行义务或者主张权利时拒绝履行义务；但如果当事人没有尽到履行义务或主张权利的责任和条件时，法院则无权作出判决。可以结合社会信用体系建设情况，在信用记录中记载依法确认拒不履约情况。另外，这一机制应采用国际眼光与"一带一路"互动和口岸地区贸易等国际商事纠纷解决需要相匹配，如与国际标准对标，引入知识产权侵权惩罚性赔偿制度等。

二、地方营商环境法治化国际化

长期以来，作为中国中西部省市区拥有较为优越的区位优势及资源优势，实施西部大开发战略，中国—东盟自由贸易区的建立以及北部湾经济区建设等均持续促进了中国发展，自贸区的建立将为中国制度创新和对外开放提供更高标准的平台。然而随着国家政策对外资开放力度的不断加大，中国在吸引外资方面面临着严峻挑战，尤其是对于外资企业来说。因此，如何提升利用外资水平，优化引资结构成为当前中国招商引资工作中亟待解决的问题之一。无论是旨在打造21世纪"一带一路"重要门户的中国，还是其他旨在推动地方经济转型升级的地方政府，都应该按照国际化、法治化要求在投资、贸易、金融、行政等方面提升本地营商环境，以更高标准推进法治化、国际化营商环境。只有这样，才能真正实现中国高质量跨越式发展，更好地融入国家区域协调发展大局。基于此，文章从法律视角分析了如何构建现代化法治化营商环境。以期对相关研究有所助益。

首先，法治化国际化的目标取向。法治是营商环境优良的根本属性和建设路径。好的营商环境就是要在商事领域有法治思维，崇尚公平透明的法治价值，采用规范的法治路径，使市场主体的各种需求及权益都能在法治中得以明确界定，合理安排并全面实现。为此，优化地方营商环境须沿循法治化道路，这就需要政府在营商环境建设过程中强化法治理念的落实，增强法治建设的内涵，通过对规范性文件（法律或者政策）的制度安排来不断增强企业参与市场活动的各种规则与准则的明确性，稳定性，透明性与公平性，构建"以市场主体需要为核心"的微观制度环境。以市场化改革创新为核心动力。市场经济的本质就是竞争。市场竞争的实质在于效率，即如何将有限的生产要素配置到最有效率的环节，进而达到社会总产出最大化。营商环境构建目标既非地方政府之间营商环境指标之争，又非国内市场与资源之争，而是指向打造开放性经济优势与吸引世界高端要素资源。构建国际化营商环境，就是要以规则型营商法治环境为依托，推动经济体由货物与要素流动型公开转向法律规则制度型公开。这一转型意味着需要从建设目标上与国际标准接轨，从市场准入上进一步推进开放性和便捷性，从市场规则上与国际贸易通行规则接轨，构建对世界高端要素资源友好的规则，构建既能服务当地企业对外贸易业务又能吸引外部要素资源开放的平台。

其次，建设完善国际化营商环境法治架构。国际化营商环境法治化的构建应同时关注法治的工具性与价值性。法治可以分为形式上的法治与实质上的法治，前者关注法律渊源和法律形式，强调法律的工具属性，而后者关注法律的内容与价值。优化营商环境作为当下改革内容和方向，法治实践框架构建应做到法治工具性与价值性相统一，不仅要寻求"规则治理之境界"，更要寻求"规则治之德性诉求"。法治在营商环境中的工具性，一方面要求所有优化改革必须以法治来实施，也就是要实施在稳定且能为企业所明确了解的法律制度上，并以权威的政府承诺和守诺为手段，为企业提供稳定国际化的市场环境，以增强企业对于其行为结果和政府行为结果的预期性。它包括两层意思，即改革推进路径规范化和制度内容法治化。另一方面，法治之于营商环境的价值性，决定其优化过程中必须贯彻包含公平、透明、效率、诚信在内的法治基本价值，重视有助于改善国际化营商环境质量的法治相关内容，全面建构包含产权保护机制、政务法治、市场法治、社会法治、纠纷解决机制在内的法治框架。

最后，推动法治化国际化取向营商环境评估体系建设。促进科学评价机制的建立，能够通过评价的落实来认识营商环境建设成就和不足，在对比中刺激地区竞争力提升。当前世界银行使用了自己独特的评价指标与系统，国内亦有少数几个课题组试图进行适合中国国情的营商环境评估。因此，对全国30个省级行政单位进行实证分析具有重要意义。从整体上看，中国已经进入高质量发展阶段，正在向高水平现代化迈进。总体来说，改革开放以来，中国的经济社会取得了显著成就。但是，由于中国地域广阔，各省市区之间资源禀赋千差万别，在经济发展中应走的道路与区域优势截然不同。为了更好地评价地方政府改革成效和为今后发展指明方向，中国应着力解决两方面问题：一方面要借鉴国际经验注重营商环境评价法治要素。法治作为衡量区域营商环境质量最根本的尺度和各因素最大公约数以及观察营商环境最好的呈现媒介。因而，构建以法治化为导向的营商环境指标体系，对于完善营商环境评价体系具有重要意义。而且法治化又是改善营商环境的重要途径之一。不管是从国际发展趋势看，还是从中国制度定位看，营商环境评价均逐渐从全要素转变为法治要素，即从对资源、劳动力等物质要素的关注逐渐转向对制度性要素的关注，并最终集中在其中的产权保护、纠纷解决、执法水平等法治要素。为此，在评估方法和评估指标的设计上应关注其法治化面向，促进评估对象积极运用法律路径提升营商环境。另一方面，兼顾国际标准与地方特色。从目前来看，中国企业的国际化程度仍较低，国际竞争力不足；但同时中国经济正处于转型升级时期，迫切需要加快发展方式转变，推进创新驱动发展战略。地方政府改革需要对标国际水平，跳脱出国内地区竞争的视角，而是从本地属性入手，同时借鉴国际间的评估素，增加地方特色，建立科学的指标体系及评价方法，既有国际竞争力，又能显示本地经济取向。

结　语

在本书中，首先通过梳理了解 RCEP 及 CAFTA 对国际经贸规则的发展进程，充分解读学习国际经贸新规则的主要内容，分析探讨国际经贸新规则在我国的实践、机遇和挑战，提出了四项主要对策。第一，应以"和平共处"五项原则为基础，加强 RCEP 成员国政治互信；第二，应高度关注 RCEP 运行状况，进一步积极磋商，不断完善 RCEP 规则；第三，应积极运用 RCEP 规则，挖掘海外市场，加强产业合作，打造 RCEP 成员国产业链；第四，应通过 RCEP 规则构建，为加入 CPTPP 积累经验。

在上述研究基础上，本研究通过相关政策、数据资料收集，以中国自贸区的建设为立足点，研判梳理中国自贸区适用高标准国际经贸规则的现状及困难，提出中国对接高标准国际经贸规则的路径保障和法治保障。路径保障包括：第一，中国应按协议规则进行顶层设计；第二，应深化投资贸易管理制度改革，不断优化营商环境；第三，应进一步推进外贸一体化，建立跨境贸易产业链；第四，应进一步推动金融门户开放，促进金融合作便利化；第五，应进一步完善跨境物流体系，畅通西部陆海新通道；第六，应加强专业人才培养。法治保障包括：第一，应进一步优化纠纷解决机制；第二，应建立多元化纠纷解决机制；第三，应构建"一站式"商事法律解决平台；第四，应开展法律合作和咨询服务。除了保障措施的构建外，课题组还重点提出中国对接高标准国际经贸规则具体内容的对策。主要包括七个方面：第一，中国全面对接 RCEP 的具体规则；第二，政府主导下开展对 RCEP 具体规则的研究与实践；第三，构建及完善国际合作业态；第四，促进制造业和服务业提质增效；第五，改善营商环境；第六，扶持和加强专业人才培养体系；第七，创新国际争端解决机制。在该部分的研究中，课题组针对每一项对策均提出了依据充足、切实可行的具体做法，当然仍需要进一步实践及后续研究的检验。

综上所述，在本次研究项目中，主要探索了当下我国加入重要国际经贸组织的历史进程及具体内容，以中国自贸区建设为立足点，分析探讨健康有效的国际经贸秩序在我国的实现路径，提出了具体细致的对策，以期在实践中服务于中国经济发展，并为进一步做更深入具体的相关学术研究打下良好基础。

附件一

区域全面经济伙伴关系协定

第一章 初始条款和一般定义

本章主要阐明 RCEP 缔约方的目标是共同建立一个现代、全面、高质量以及互惠共赢的经济伙伴关系合作框架，以促进区域贸易和投资增长，并为全球经济发展作出贡献。该章节还对协定中的通用术语进行定义。

第二章 货物贸易

本章旨在推动实现区域内高水平的贸易自由化，并对与货物贸易相关的承诺作出规定。规定包括：承诺根据《关税与贸易总协定》第三条给予其他缔约方的货物国民待遇；通过逐步实施关税自由化给予优惠的市场准入；特定货物的临时免税入境；取消农业出口补贴；以及全面取消数量限制、进口许可程序管理，以及与进出口相关的费用和手续等非关税措施方面的约束。

第三章 原产地规则

本章确定了 RCEP 项下有资格享受优惠关税待遇的原产货物的认定规则。在确保适用实质性改变原则的同时，突出了技术可行性、贸易便利性和商业友好性，以使企业、尤其是中小企业易于理解和使用 RCEP 协定。在本章节第一节中，第二条（原产货物）和第三条（完全获得或者完全生产的货物）以及附件一《产品特定原产地规则》（PSR）列明了授予货物"原产地位"的标准。协定还允许在确定货物是否适用 RCEP 关税优惠时，将来自 RCEP 任何缔约方的价值成分都考虑在内，实行原产成分累积规则。在第二节中，规定了相关操作认证程序，包括申请 RCEP 原产地证明、申请优惠关税待遇以及核实货物"原产地位"的详细程序。本章节有两个附件：（1）产品特定原产地规则，涵盖 5,205 条 6 位税目产品；（2）最低信息要求，列明了原产地证书或原产地声明所要求的信息。

第四章 海关程序与贸易便利化

本章通过确保海关法律和法规具有可预测性、一致性和透明性的条款，以及促进海关程序的有效管理和货物快速通关的条款，目标创造一个促进区域供应链的环境。本章包含高于 WTO《贸易便利化协定》水平的增强条款，包括：对税则归类、原产地以及海关估价的预裁定；为符合特定条件的经营者（授权经营者）提供与进出口、过境手续和程序有关的便利措施；用于海关监管和通关后审核的风险管理方法等。

第五章 卫生与植物卫生措施

本章制定了为保护人类、动物或植物的生命或健康而制定、采取和实施卫生与植物卫生措施的基本框架，同时确保上述措施尽可能不对贸易造成限制，以及在相似条件下缔约方实施的卫生与植物卫生措施不存在不合理的歧视。虽然缔约方已在 WTO《卫生与植物卫生措施协定》中声明了其权利和义务，但是协定加强了在病虫害非疫区和低度流行区、风险分析、审核、认证、进口检查、以及紧急措施等执行的条款。

第六章 标准、技术法规和合格评定程序

本章加强了缔约方对 WTO《技术性贸易壁垒协定》的履行，并认可缔约方就标准、技术法规和合格评定程序达成的谅解。同时，推动缔约方

在承认标准、技术法规和合格评定程序中减少不必要的技术性贸易壁垒、确保标准、技术法规以及合格评定程序符合WTO《技术性贸易壁垒协定》规定等方面的信息交流与合作。

第七章 贸易救济

本章包括"保障措施"和"反倾销和反补贴税"两部分内容。关于保障措施,协定重申缔约方在WTO《保障措施协定》下的权利义务,并设立过渡性保障措施制度,对各方因履行协议降税而遭受损害的情况提供救济。关于反倾销和反补贴税,协定重申缔约方在WTO相关协定中的权利和义务,并制定了"与反倾销和反补贴调查相关的做法"附件,规范了书面信息、磋商机会、裁定公告和说明等实践做法,促进提升贸易救济调查的透明度和正当程序。

第八章 服务贸易

本章消减了各成员影响跨境服务贸易的限制性、歧视性措施,为缔约方间进一步扩大服务贸易创造了条件。包括市场准入承诺表、国民待遇、最惠国待遇、当地存在、国内法规等规则。部分缔约方采用负面清单方式进行市场准入承诺,要求采用正面清单的缔约方在协定生效后6年内转化为负面清单模式对其服务承诺做出安排。

第八章 附件一:金融服务附件

金融服务附件就金融服务制定了具体规则,同时为防范金融系统不稳定性提供了充分的政策和监管空间。除了第八章(服务贸易)规定的义务外,本附件还包括一个稳健的审慎例外条款,以确保金融监管机构保留制定支持金融体系完整性和稳定性措施的能力。本附件还包括金融监管透明度义务,缔约方承诺不得阻止开展业务所必需的信息转移或信息处理,以及提供新的金融服务。本附件还规定缔约方可通过磋商等方式讨论解决国际收支危机或可能升级为国际收支危机的情况。

第八章　附件二：电信服务附件

本附件制定了一套与电信服务贸易相关的规则框架。在所有现有的"东盟'10+1'自由贸易协定"电信服务附件基础上，附件还包括了监管方法、国际海底电缆系统、网络元素非捆绑、电杆、管线和管网的接入、国际移动漫游、技术选择的灵活性等条款。

第八章　附件三：专业服务附件

本附件为缔约方提供途径，以便利本区域内专业服务的提供。包括：加强有关承认专业资格机构之间的对话，鼓励 RCEP 缔约方或相关机构就共同关心的专业服务部门的专业资质、许可或注册进行磋商。此外，还鼓励缔约方或相关机构在教育、考试、经验、行为和道德规范、专业发展及再认证、执业范围、消费者保护等领域制定互相接受的专业标准和准则。

第九章　自然人移动

本章列明了缔约方为促进从事货物贸易、提供服务或进行投资的自然人临时入境和临时停留所做的承诺，制定了缔约方批准此类临时入境和临时停留许可的规则，提高人员流动政策透明度。所附承诺表列明了涵盖商务访问者、公司内部流动人员等类别的承诺以及承诺所要求的条件和限制。

第十章　投资

本章涵盖了投资保护、自由化、促进和便利化四个方面，是对原"东盟'10+1'自由贸易协定"投资规则的整合和升级，包括承诺最惠国待遇、禁止业绩要求、采用负面清单模式做出非服务业领域市场准入承诺并适用棘轮机制（即未来自由化水平不可倒退）。投资便利化部分还包括争端预防和外商投诉的协调解决。本章附有各方投资及不符措施承诺表。

第十一章 知识产权

本章为本区域知识产权的保护和促进提供了平衡、包容的方案。内容涵盖著作权、商标、地理标志、专利、外观设计、遗传资源、传统知识和民间文艺、反不正当竞争、知识产权执法、合作、透明度、技术援助等广泛领域，其整体保护水平较《与贸易有关的知识产权协定》有所加强。

第十二章 电子商务

本章旨在促进缔约方之间电子商务的使用与合作，列出了鼓励缔约方通过电子方式改善贸易管理与程序的条款；要求缔约方为电子商务创造有利环境，保护电子商务用户的个人信息，为在线消费者提供保护，并针对非应邀商业电子信息加强监管和合作；对计算机设施位置、通过电子方式跨境传输信息提出相关措施方向，并设立了监管政策空间。缔约方还同意根据WTO部长级会议的决定，维持当前不对电子商务征收关税的做法。

第十三章 竞争

本章为缔约方制定了在竞争政策和法律方面进行合作的框架，以提高经济效率、增进消费者福利。规定缔约方有义务建立或维持法律或机构，以禁止限制竞争的活动，同时承认缔约方拥有制定和执行本国竞争法的主权权利，并允许基于公共政策或公共利益的排除或豁免。本章还涉及消费者权益保护，缔约方有义务采取或维持国内法律和法规，以制止误导行为、或在贸易中作虚假或误导性描述；促进对消费者救济机制的理解和使用；就有关保障消费者的共同利益进行合作。

第十四章 中小企业

缔约方同意在协定上提供中小企业会谈平台，以开展旨在提高中小企业利用协定、并在该协定所创造的机会中受益的经济合作项目和活动，将中小企业纳入区域供应链的主流之中。协定强调充分共享RCEP中涉及中小企业的信息包括协定内容、与中小企业相关的贸易和投资领域的法律法规，以及其他与中小企业参与协定并受从中受益的其他商务相关信息。

第十五章 经济与技术合作

本章为实现 RCEP 各国的共同发展提供了框架，为各方从协定的实施和利用中充分受益、缩小缔约方发展差距方面作出贡献。根据本章，缔约方将实施技术援助和能力建设项目，促进包容、有效与高效的实施和利用协定所有领域，包括货物贸易、服务贸易、投资、知识产权、竞争、中小企业和电子商务等。同时将优先考虑最不发达国家的需求。

第十六章 政府采购

协定认识到政府采购在推进区域经济一体化以促进经济发展中的作用，将着力提高法律、法规和程序的透明度，促进缔约方在政府采购方面的合作。本章包含审议条款，旨在未来对本章节进行完善，以促进政府采购。

第十七章 一般条款与例外

本章规定了适用于整个 RCEP 协定的总则，包括缔约方法律、法规、程序和普遍适用的行政裁定的透明度、就每一缔约方行政程序建立适当的审查与上诉机制、保护保密信息、协定的地理适用范围等。同时，本章将 GATT1994 第二十条和 GATS 第十四条所列一般例外作必要修改后纳入本协定。缔约方可以采取其认为保护其基本安全利益所必需的行动或措施。本章还允许缔约方在面临严重的收支平衡失衡，外部财政困难或受到威胁的情况下采取某些措施。

第十八章 机构条款

本章节规定了 RCEP 的机构安排，以及部长会议、联合委员会和其他委员会或分委员会的结构。联合委员会将监督和指导协定的实施，包括根据协定监督和协调新设或未来设立的附属机构的工作。

第十九章 争端解决

本章旨在为解决协定项下产生的争端提供有效、高效和透明的程序。在争端解决有关场所的选择、争端双方的磋商，关于斡旋、调解或调停，设立专家组、第三方权利等方面作了明确规定。本章节还详细规定了专家组职能、专家组程序、专家组最终报告的执行、执行审查程序、赔偿以及中止减让或其他义务等。

第二十章 最终条款

本章节主要包括关于附件、附录和脚注的处理；协定与其他国际协定之间的关系；一般性审查机制；协定的生效、保管、修订、加入及退出条款等。指定东盟秘书长作为协定的保管方，负责向所有缔约方接收和分发文件，包括所有通知、加入请求、批准书、接受书或核准书。条约的生效条款规定，协定至少需要6个东盟成员国和3个东盟自由贸易协定伙伴交存批准书、接受书或核准书后正式生效。

附件二

中华人民共和国与东南亚国家联盟全面经济合作框架协议
（中文译文）

第一条　目标

本协议的目标是：

1. 加强和增进各缔约方之间的经济、贸易和投资合作；

2. 促进货物和服务贸易，逐步实现货物和服务贸易自由化，并创造透明、自由和便利的投资机制；

3. 为各缔约方之间更紧密的经济合作开辟新领域，制定适当的措施；以及

4. 为东盟新成员国更有效地参与经济一体化提供便利，缩小各缔约方发展水平的差距。

第二条　全面经济合作措施

各缔约方同意迅速地进行谈判，以在10年内建立中国—东盟自贸区，并通过下列措施加强和增进合作：

1. 在实质上所有货物贸易中逐步取消关税与非关税壁垒；

2. 逐步实现涵盖众多部门的服务贸易自由化；

3. 建立开放和竞争的投资机制，便利和促进中国—东盟自贸区内的投资；

4. 对东盟新成员国提供特殊和差别待遇及灵活性；

5. 在中国—东盟自贸区谈判中，给各缔约方提供灵活性，以解决它们各自在货物、服务和投资方面的敏感领域问题，此种灵活性应基于对等和互利的原则，经谈判和相互同意后提供；

6. 建立有效的贸易与投资便利化措施，包括但不限于简化海关程序和制定相互认证安排；

7. 在各缔约方相互同意的、对深化各缔约方贸易和投资联系有补充作用的领域扩大经济合作，编制行动计划和项目以实施在商定部门/领域的合作；

8. 建立适当的机制以有效地执行本协议。

第一部分

第三条

货物贸易

1. 除本协议第六条所列的"早期收获"计划以外，为了加速货物贸易的扩展，各缔约方同意进行谈判，对各缔约方之间实质上所有货物贸易取消关税和其他限制性贸易法规（如必要，按照 WTO 关税与贸易总协定（以下简称为 GATT）第 24 条（8）（b）允许的关税和限制性贸易法规除外）。

2. 就本条而言，应适用如下定义，除非文中另有解释：

（1）"东盟六国"指的是文莱、印度尼西亚、马来西亚、菲律宾、新加坡和泰国；

（2）"实施的最惠国关税税率"应包括配额内税率，并应：

（i）对于 2003 年 7 月 1 日时为 WTO 成员的东盟成员国及中国，指其 2003 年 7 月 1 日各自的实施的最惠国关税税率；

（ii）对于 2003 年 7 月 1 日时非 WTO 成员的东盟成员国，指其 2003 年 7 月 1 日对中国的实施税率；

（3）"非关税措施"应包括非关税壁垒。

（4）各缔约方的关税削减或取消计划应要求各缔约方逐步削减列入

清单的产品关税并在适当时依照本条予以取消。

（5）依照本条纳入关税削减或取消计划的产品应包括所有未被本协议第六条所列的"早期收获"计划涵盖的产品，这些产品应分为如下两类：

（a）正常类：一缔约方根据自身安排纳入正常类的产品应：

（i）使其各自的实施的最惠国关税税率依照特定的减让表和税率（经各缔约方相互同意）逐步削减或取消，对于中国和东盟六国，实施期应从2005年1月1日到2010年，对于东盟新成员国，实施期应从2005年1月1日到2015年，并采用更高的起始税率和不同实施阶段；

（ii）按照上文第4款（a）（i）已经削减但未取消的关税，应在经各缔约方相互同意的时间框架内逐步取消。

（b）敏感类：一缔约方根据自身安排纳入敏感类的产品应：

（i）使其各自的实施的最惠国关税税率依照相互同意的最终税率和最终时间削减；

（ii）在适当时，使其各自的实施的最惠国关税税率在各缔约方相互同意的时间框架内逐步取消。

（6）敏感类产品的数量应在各缔约方相互同意的基础上设定一个上限。

（7）各缔约方依照本条及第六条所做的承诺应符合WTO对各缔约方之间实质上所有贸易取消关税的要求。

（8）各缔约方之间依照本条相互同意的特定的关税税率应仅列出各缔约方削减后适用关税税率的上限或在特定实施年份的削减幅度，不应阻止任一缔约方自愿加速进行关税削减或取消。

（9）各缔约方之间关于建立涵盖货物贸易的中国—东盟自贸区的谈判还应包括但不限于下列内容：

（a）管理正常类和敏感类产品的关税削减或取消计划以及本条前述各款未涉及的任何其他有关问题的其他具体规则，包括管理对等承诺的各项原则；

（b）原产地规则；

（c）配额外税率的处理；

（d）基于 GATT 第 28 条，对一缔约方在货物贸易协议中的承诺所做的修改；

（e）对本条或第六条涵盖的任何产品采用的非关税措施，包括但不限于对任何产品的进口或者对任何产品的出口或出口销售采取的数量限制或禁止，缺乏科学依据的动植物卫生检疫措施以及技术性贸易壁垒；

（f）基于 GATT 的保障措施，包括但不限于下列内容：透明度，涵盖范围，行动的客观标准——包括严重损害或严重损害威胁的概念，以及临时性；

（g）基于 GATT 现行规则的关于补贴、反补贴措施及反倾销措施的各项规则；

（h）基于 WTO 及世界知识产权组织（简称 WIPO）现行规则和其他相关规则，便利和促进对与贸易有关的知识产权进行有效和充分的保护。

第四条 服务贸易

为了加速服务贸易的发展，各缔约方同意进行谈判，逐步实现涵盖众多部门的服务贸易自由化。此种谈判应致力于：

1. 在各缔约方之间的服务贸易领域，逐步取消彼此或各缔约方间存在的实质所有歧视，和/或禁止采取新的或增加歧视性措施，但 WTO《服务贸易总协定》（以下简称为 GATS）第五条第 1 款（b）所允许的措施除外；

2. 在中国与东盟各成员国根据 GATS 所做承诺的基础上，继续扩展服务贸易自由化的深度与广度；

3. 增进各缔约方在服务领域的合作以提高效率和竞争力，实现各缔约方各自服务供应商的服务供给与分配的多样化。

第五条 投资

为了促进投资并建立一个自由、便利、透明并具有竞争力的投资体制，各缔约方同意：

（a）谈判以逐步实现投资机制的自由化；

（b）加强投资领域的合作，便利投资并提高投资规章和法规的透明度；以及

（c）提供投资保护。

第六条　早期收获

1. 为了加速实施本协议，各缔约方同意对下文第3款（a）所涵盖的产品实施"早期收获"计划（该计划为中国—东盟自贸区的组成部分），"早期收获"计划将按照本协议中规定的时间框架开始和结束。

2. 就本条而言，应适用如下定义，除非文中另有解释：

（1）"东盟六国指的是文莱"、印度尼西亚、马来西亚、菲律宾、新加坡和泰国；

（2）"实施的最惠国关税税率"应包括配额内税率，并应：

（i）对于2003年7月1日时为WTO成员的东盟成员国及中国，指其2003年7月1日各自的实施的最惠国关税税率；

（ii）对于2003年7月1日时非WTO成员的东盟成员国，指其2003年7月1日对中国的实施税率；

3. "早期收获"计划中适用的产品范围、关税削减和取消、实施的时间框架、原产地规则、贸易补偿及紧急措施等问题应遵循下列规定。

（a）产品范围

（i）下面各章中HS8或9位税号的所有产品都应包括在"早期收获"计划中，除非一缔约方在本协议附件1的例外清单中将其排除，此种情况下该缔约方的这些产品可以得到豁免：

（a）活动物

（b）肉及食用杂碎

（c）鱼

（d）乳品

（e）其他动物产品

（f）活树

（g）食用蔬菜

（h）食用水果及坚果

（ii）已将某些产品纳入例外清单的任何一缔约方可以在任何时候修改例外清单，将例外清单的一项或多项产品纳入"早期收获"计划。

（iii）本协议附件2中所列的特定产品应涵盖在"早期收获"计划中，这些产品的关税减让应仅对附件2中列明的缔约方适用。这些缔约方必须就该部分产品相互提供关税减让。

（iv）对于附件1或附件2所列的未能完成适当的产品清单的缔约方，经相互同意可在不迟于2003年3月1日前完成。

（b）关税削减和取消

（i）"早期收获"计划中涵盖的所有产品都应按照规定划分为三类进行关税削减和取消，并按照本协议附件3中所列的时间框架执行。本款不应阻止任何缔约方自愿加速其关税削减或取消。

（ii）所有实施的最惠国关税税率为零的产品，应继续保持零税率。

（iii）实施税率降低到零的产品，税率应继续保持为零。

（iv）一缔约方应享受所有其他缔约方就上文第3款（a）（i）所列的某一产品所作的关税减让，只要该缔约方的同一产品保持在第3款（a）（i）所列的"早期收获"计划中。

（c）临时原产地规则

适用于"早期收获"计划所涵盖产品的临时原产地规则应在2003年7月以前谈判并完成制定。临时原产地规则应由各缔约方根据本协议第三条（8）（b）谈判制定并实施的原产地规则替换和取代。

（d）WTO条款的适用

WTO中有关承诺的修订、保障措施、紧急措施和其他贸易补偿措施——包括反倾销措施、补贴及反补贴措施等方面的条款，应临时性地适用于"早期收获"计划涵盖的产品。一旦各缔约方根据本协议第三条第8款谈判达成的相关规定得以执行，上述WTO的条款应被这些相关规定替换和取代。

4. 除了本条上面各款中规定的货物贸易方面的"早期收获"计划以外，各缔约方应在2003年初探讨在服务贸易方面推行早期收获计划的可行性。

5. 为了推动各缔约方之间的经济合作，本协议附件4中规定的各项活动应予执行或视情况要求加快实施。

第二部分

第七条 其他经济合作领域

1. 各缔约方同意在下列五个优先领域加强合作：

（a）农业；

（b）信息及通信技术；

（c）人力资源开发；

（d）投资；

（e）湄公河盆地的开发。

2. 合作应扩展到其他领域，包括但不限于银行、金融、旅游、工业合作、交通、电信、知识产权、中小企业、环境、生物技术、渔业、林业及林业产品、矿业、能源及次区域开发等。

3. 加强合作的措施应包括但不应仅限于：

（a）推动和便利货物贸易、服务贸易及投资；

（i）标准及一致化评定；

（ii）技术性贸易壁垒和非关税措施；

（iii）海关合作。

（b）提高中小企业竞争力；

（c）促进电子商务；

（d）能力建设；

（e）技术转让。

4. 各缔约方同意实施能力建设计划以及实行技术援助，特别是针对东盟新成员国，以调整它们的经济结构，扩大它们与中国的贸易与投资。

第三部分

第八条　时间框架

（a）在货物贸易方面，关于本协议第三条中所列的关税削减或取消和其他问题的协议的谈判应于 2003 年初开始，2004 年 6 月 30 日之前结束，以建立涵盖货物贸易的中国—东盟自贸区，对于文莱、中国、印度尼西亚、马来西亚、菲律宾、新加坡和泰国，建成自贸区的时间是 2010 年，东盟新成员国建成自贸区的时间是 2015 年。

（b）本协议第三条所列的关于货物贸易原产地规则的谈判应不迟于 2003 年 12 月结束。

（c）服务贸易和投资方面，各项协议的谈判应于 2003 年开始，并应尽快结束，以依照相互同意的时间框架付诸实施，实施时需要：（i）考虑各缔约方的敏感领域；（ii）为东盟新成员国提供特殊和差别待遇及灵活性。

（d）对于本协议第二部分中所列的经济合作的其他领域，各缔约方应继续巩固实施本协议第七条中所列的现有的或经同意的各项计划，制定新的经济合作计划，并在经济合作的各个领域达成协议。各缔约方应迅速采取行动，以便以所有相关缔约方都能接受的方式和速度尽早实施。这些协议应包含实施其中各项承诺的时间框架。

第九条　最惠国待遇

中国自本协议签字之日起应给予所有非 WTO 成员的东盟成员国符合 WTO 规则和规定的最惠国待遇。

第十条 一般例外

在遵守关于此类措施的实施不在情形相同的各缔约方彼此或各缔约方之间构成任意或不合理歧视的手段或构成对中国—东盟自贸区内贸易的变相限制的要求前提下,本协定的任何规定不得阻止任何缔约方采取或实施保护其国家安全、保护具有艺术、历史或考古价值的文物所采取的措施,或保护公共道德所必需的措施,或保护人类、动物或植物的生命和健康所必需的措施。

第十一条 争端解决机制

(a)各缔约方应在本协议生效 1 年内,为实施本协议建立适当的正式的争端解决程序与机制。

(b)在上文第 1 款所称的争端解决程序与机制建立前,任何关于本协议的解释、实施和适用的争端,应通过磋商和 / 或仲裁以友好的方式加以解决。

第十二条 谈判的机构安排

1. 已建立的中国—东盟贸易谈判委员会(以下简称"中国—东盟 TNC")应继续负责执行本协议中所列的谈判计划。

2. 各缔约方在必要时可以建立其他机构来协调和实施依照本协议开展的任何经济合作活动。

3. 中国—东盟 TNC 和上述所有机构应通过中国对外贸易经济合作部(以下简称"中国外经贸部")与东盟经济高官会(简称 SEOM),定期向中国外经贸部部长和东盟经济部长会议(简称 AEM)汇报其谈判进度及成果。

4. 无论中国—东盟 TNC 于何时何地进行谈判,东盟秘书处和外经贸部应联合给以必要的行政支持。

第十三条 杂项条款

（i）本协议应包含所附附件及其内容，以及将来所有依照本协议通过的法律文件。

（ii）除非本协议另有规定，本协议或依照本协议采取的任何行动不得影响或废止一缔约方依照其现为缔约方的协议所享受的权利和承担的义务。

（iii）各缔约方应当努力避免增加影响实施本协议的约束或限制。

第十四条 修正

本协议的条款可经各缔约方以书面形式相互同意达成的修正案加以修订。

第十五条 交存方

对于东盟成员国，本协议应交存于东盟秘书长，东盟秘书长应及时向每一个东盟成员国提供一份经核证的副本。

第十六条 生效

（a）本协议于 2003 年 7 月 1 日生效。

（b）各缔约方应于 2003 年 7 月 1 日前完成使本协议生效的国内程序。

（c）如一缔约方未能在 2003 年 7 月 1 日之前完成使本协议生效的国内程序，该缔约方依照本协议的权利与义务应自其完成此类国内程序之日开始。

（d）一缔约方一俟完成使本协议生效的国内程序，即应以书面形式通报所有其他缔约方。鉴此，我们签署《中华人民共和国与东南亚国家联盟全面经济合作框架协议》。

本协议以英文书就，一式两份，2002 年 11 月 4 日签署于柬埔寨金边。

附件 1 各缔约方在第六条（3）（a）（i）"早期收获"计划中的例外产品清单。

附件 2 第六条（3）（a）（iii）"早期收获"计划中的特定产品。

附件 3 A. 依照第六条第 3 款（b）（i）进行关税削减和取消的产品类别 B. 第六条第 3 款（b）（i）的实施时间框架。

附件 4 第六条第 5 款所列的活动。

附件三

全面与进步跨太平洋伙伴关系协定（节选）

第 28 章　争端解决

A 节：争端解决

就本章而言：

第 28.1 条　定义

起诉方指根据第 28.7.1 条（专家组的设立）请求设立专家组的一缔约方；

磋商方指根据第 28.5.1 条（磋商）请求磋商的缔约方或被请求磋商的缔约方；

争端方指一起诉方或一应诉方；

专家组指根据第 28.7 条（专家组的设立）设立的专家组；

易腐货物指归入协调制度编码第 1 章至第 24 章的易腐农产品和鱼制品；

应诉方指根据第 28.7 条（专家组的设立）被起诉的一缔约方；

议事规则指第 28.13 条（专家组的议事规则）中所指的并依照第 27.2.1 条（f）项（自贸协定委员会的职能）制定的规则；

第三方指除争端方外的、根据第 28.14 条（第三方参与）递送书面通知的一缔约方。

第 28.2 条　合作

缔约方应始终努力对本协定的解释和适用达成一致，并应尽一切努力通过合作和磋商就可能影响本协定运用或适用的任何事项达成双方满意的解决办法。

第 28.3 条　范围

1. 除非本协定中另有规定，否则本章的争端解决条款应适用于：

（a）在避免或解决缔约方之间有关本协定的解释或适用的所有争端方面；

（b）一缔约方认为另一缔约方的实际措施或拟议措施与本协定的义务不一致或将会出现不一致的情况，或另一缔约方在其他方面未能履行本协定项下的义务的情况；

（c）一缔约方认为由于另一缔约方实施与本协定不相抵触的措施，其根据第 2 章（货物的国民待遇和市场准入）、第 3 章（原产地规则和原产地程序）、第 4 章（纺织品和服装）、第 5 章（海关管理和贸易便利化）、第 8 章（技术性贸易壁垒）、第 10 章（跨境服务贸易）或第 15 章（政府采购）可合理预期获得的利益正在丧失或减损的情况。

2. 不迟于 WTO 成员有权根据《TRIPS 协定》第 64 条提起利益丧失或减损非违反之诉生效之日后 6 个月，缔约方应审议是否修正第 1 款（c）项以包括第 18 章（知识产权）。

3. 两个或多个缔约方订立的与本协定的缔结有关的法律文件：

（a）不构成 1969 年 5 月 23 日订于维也纳的《维也纳条约法公约》第 31 条第（2）款（b）项范围内的与本协定相关的法律文件，且不得影响不属该法律文件参加方的缔约方在本协定项下的权利和义务；

（b）如该法律文件如此规定，则可就该法律文件项下产生的任何事项诉诸本章的争端解决程序。

第 28.4 条　场所的选择

1. 如一争端涉及本协定项下和包括《WTO 协定》在内的争端方均为参加方的另一国际贸易协定项下产生的任何事项，则起诉方可选择解决争端的场所。

2. 一旦起诉方已根据第 1 款中所指一协定请求设立一专家组或将一事项向一专家组或其他法庭提交，则应使用所选择的场所而同时排除其他场所。

第 28.5 条　磋商

1. 任何缔约方可请求与任何其他缔约方就第 28.3 条（范围）中所述任何事项进行磋商。请求进行磋商的缔约方应以书面形式提出请求，并应列出提出磋商请求的理由，包括对实际措施或拟议措施①或其他争议事项的确认及关于起诉法律根据的说明。请求方应将请求通过根据第 27.5.1 条（联络点）指定的联络点同时散发其他缔约方。

2. 被请求磋商的缔约方应不迟于在其收到请求之日后 7 天以书面形式对请求作出答复，除非磋商各方另有议定。②该缔约方应通过总联络点将答复同时散发其他缔约方并真诚参加磋商。

3. 认为对该事项具有实质利益的不属磋商方的一缔约方可不迟于磋商请求散发之日后 7 天通过向其他缔约方作出书面通知的方式参加磋商。该缔约方应在其通知中包括关于其对该事项的实质性利益的说明。

4. 除非磋商各方另有议定，否则应在不迟于下列期限前参加磋商：

（a）对于涉及易腐货物的事项，在收到磋商请求之日后 15 天；

---

① 对于拟议措施，在不损害随时提出磋商请求权利的情况下，缔约方应尽一切努力在拟议措施公布之日起 60 天内根据本规定提出磋商请求。

② 为进一步明确，如被请求磋商的缔约方未在本款要求的时限内进行答复，则在请求方发出请求之日后 7 天其应被视为已收到该磋商请求。

（b）对于所有其他事项，在收到磋商请求之日后 30 天。

5. 磋商可面对面进行或通过磋商各方可获得的任何技术手段进行。如磋商面对面进行，则磋商应在被请求磋商方的首都进行，除非磋商各方另有议定。

6. 磋商各方应尽一切努力通过本条下的磋商就该事项达成双方满意的解决办法。为此：

（a）每一磋商方应提供充分的信息，从而可以全面审查实际措施或拟议措施如何影响本协定的运用或适用；

（b）参加磋商的一缔约方应对磋商过程中所交换的指定为属机密性质的任何信息，按照与提供信息的缔约方相同的基础加以处理。

7. 在本条下的磋商中，一磋商方可请求另一磋商方提供其政府机构或其他监管机构中对争议事项具备专门知识的人士予以协助。

8. 磋商应保密，且不得损害任何缔约方在任何其他程序中的权利。

第 28.6 条　斡旋、调解和调停

1. 缔约方可随时同意自愿采取争端解决的替代方法，例如斡旋、调解或调停。

2. 涉及斡旋、调解或调停的程序应保密，且不得损害缔约方在任何其他程序中的权利。

3. 参加本条下程序的缔约方可随时中止或终止这些程序。

4. 如争端各方同意，则斡旋、调解或调停可在争端解决程序进行的同时继续进行直至根据第 28.7 条（专家组的设立）设立专家组。

第 28.7 条　专家组的设立

1. 根据第 28.5.1 条（磋商）请求磋商的缔约方可通过向应诉方作出书面通知的方式请求设立专家组，如磋商各方未能在下列期限内解决争议：

（a）在收到第 28.5.1 条（磋商）下的磋商请求之日后的 60 天期限；

（b）对于涉及易腐货物的事项，在收到第 28.5.1 条（磋商）下的磋商请求之日后的 30 天期限；

（c）磋商各方可能同意的任何其他期限。

2. 起诉方应将该请求通过根据第 27.5.1 条（联络点）所指定的总联络点同时散发所有缔约方。

3. 起诉方应在设立专家组的请求中包括对争议措施或其他争议事项的确认，并包括一份足以清晰陈述有关问题的关于起诉法律根据的摘要。

4. 专家组应自请求递送之日起设立。

5. 除非争端各方另有议定，否则专家组应以与本章和议事规则相一致的方式组成。

6. 如就一事项已设立专家组且另一缔约方就相同事项请求设立专家组，只要可行，应设立一单一专家组审查有关起诉。

7. 不得设立专家组审查一拟议措施。

第 28.8 条　职权范围

1. 除非争端各方在不迟于设立专家组的请求递送之日后 20 天另有议定，否则职权范围应为：

（a）按照本协定相关条款，审查根据第 28.7.1 条（专家组的设立）提交的设立专家组请求中所指的事项；

（b）按第 28.17.4 条（初步报告）所规定的，提出调查结果和作出决定及任何联合请求的建议，并附相关理由。

2. 如起诉方在设立专家组请求中声称一措施造成第 28.3.1 条（c）项（范围）范围内的利益丧失或减损，则专家组职权范围应如此说明。

参考文献

[1] 邹韵恒，柳泰焕. RCEP 背景下中国对东盟出口结构竞争性研究 [J]. 当代经济，2023，40（06）：42-48.

[2] 吴琦，林泽伟. RCEP 争端解决机制评估与中国之因应 [J]. 集美大学学报（哲学社会科学版），2023，26（03）：40-47.

[3] 贾宏. 投资者—国家争端解决上诉机制之改革与路径选择 [D]. 外交学院，2022.

[4] 王蕊，潘怡辰，袁波，宋云潇. 从 CPTPP 与 RCEP 差异看我国应对数字贸易规则竞争的思路 [J]. 国际贸易，2022，（03）：12-18.

[5] 王思语，张开翼. RCEP 与 CPTPP 协定下中国服务业开放路径研究 [J]. 亚太经济，2021，（06）：108-118.

[6] 姚璟，冯晓鹏，李思然. RCEP 与 CPTPP 为跨境电商带来新机遇 [J]. 中国海关，2021，（11）：8-21.

[7] 于鹏，廖向临，杜国臣. RCEP 和 CPTPP 的比较研究与政策建议 [J]. 国际贸易，2021，（08）：27-36.

[8] 张娟，李俊，李计广. 从 RCEP、自贸试验区到 CPTPP：我国服务贸易开放升级路径与建议 [J]. 国际贸易，2021，（08）：62-69.

[9] 彭德雷，张子琳. RCEP 核心数字贸易规则及其影响 [J]. 中国流通经济，2021，35（08）：18-29.

[10] 陈亮，毛顺宇，胡文涛. 国际经贸新形势下我国外贸高质量发展的挑战及对策 [J]. 国际贸易，2021，（07）：10-18.

[11] 刘瑛，夏天佑. RCEP 原产地特色规则：比较、挑战与应对 [J]. 国

际经贸探索，2021，37（06）：86-101.

[12] 陈凤兰，陈爱贞. RCEP 区域产业链发展机制研究——兼论中国产业链升级路径 [J]. 经济学家，2021，（06）：70-80.

[13] 王跃生，边恩民，张羽飞. 中国经济对外开放的三次浪潮及其演进逻辑——兼论 RCEP、CECAI、CPTPP 的特征和影响 [J]. 改革，2021，（05）：76-87.

[14] 盛斌. 中国、CPTPP 和国际经贸新规则 [J]. 中国经济评论，2021，（04）：92-96.

[15] 余淼杰，蒋海威. 从 RCEP 到 CPTPP：差异、挑战及对策 [J]. 国际经济评论，2021，（02）：129-144+7.

[16] 张世兴，李文文. RCEP 之于我国及亚太地区发展意义解构 [J]. 理论探讨，2021，（02）：80-86.

[17] 孔庆江. RCEP 争端解决机制：为亚洲打造的自贸区争端解决机制 [J]. 当代法学，2021，35（02）：34-43.

[18] 王珉. 中国贸易便利化发展战略——基于 RCEP 成员之间区域自贸协定的比较分析 [J]. 国际贸易，2021，（02）：64-71.

[19]Ferrantino Michael Joseph,Maliszewska Maryla,Taran Svitlana. Actual and Potential Trade Agreements in the Asia-Pacific: Estimated Effects[M].The World Bank:2020-12-14.

[20] 曾炜. WTO 与 RTA 争端解决管辖权冲突与调和研究 [M]. 武汉：武汉大学出版社，2020：478.

[21] 丁宏. 新一轮自贸试验区制度创新的趋势与路径研究 [J]. 江苏社会科学，2020，（04）：121-127+243-244.

[22] 温融，侯姣. 中国—东盟税收争端的特征、类型及其解决机制创新 [J]. 税务研究，2020，（06）：24-30.

[23] 何军明，丁梦. "一带一路"背景下中国—东盟关系与自贸区升级研究 [M]. 厦门：厦门大学出版社，2020：219.

[24] 肖琬君，冼国明. RCEP 发展历程：各方利益博弈与中国的战略选择 [J]. 国际经济合作，2020，（02）：12-25.

[25] 刁莉，杨玉蒙，陈哲馨. CPTPP 对中国与东盟双边贸易的影响研究 [J]. 开发性金融研究，2020，（03）：34-41.

[26] 王黎萤，王雁，张迪，杨妍. RCEP 知识产权议题：谈判障碍与应对策略——基于自贸协定知识产权规则变革视角的分析 [J]. 国际经济合作，2019，（04）：20-30.

[27] 钟英通. 国际经贸规则适用的差异化现象及其法律应对 [J]. 环球法律评论，2019，41（03）：179-192.

[28] 张生. CPTPP 投资争端解决机制的演进与中国的对策 [J]. 国际经贸探索，2018，34（12）：95-106.

[29] 张茜. CPTPP 争端解决机制比较研究——以 WTO 争端解决机制改革为视角 [J]. 大连海事大学学报（社会科学版），2018，17（06）：16-24.

[30] 李猛，黄德海. 中国自贸区法律制度构建路径探析 [J]. 中国流通经济，2018，32（02）：115-126.

[31] 林波. 全球治理背景下 WTO 争端解决机制效率研究 [J]. 技术经济与管理研究，2017，（07）：88-92.

[32] 孙蕊，齐俊妍. 中国区域服务贸易开放广度与深度——基于 14 个自由贸易协定中方减让表的评估 [J]. 国际经贸探索，2017，33（04）：39-53.

[33] 李猛. 中国自贸区法律制度的构造及其完善 [J]. 上海对外经贸大学学报，2017，24（02）：45-60.

[34] 张彬，张菲. RCEP 的进展、障碍及中国的策略选择 [J]. 南开学报（哲学社会科学版），2016，（06）：122-130.

[35] 刘晓红，王徽. 论中国引入国际商事仲裁机构的法律障碍与突破进路——基于中国自贸区多元化争议解决机制构建的几点思考 [J]. 苏州大

学学报（法学版），2016，3（03）：10-17.

[36] 刘志中，王曼莹.国际经贸规则演变的新趋向、影响及中国的对策 [J].经济纵横，2016，（06）：106-110.

[37] 张乃根."一带一路"倡议下的国际经贸规则之重构 [J].法学，2016，（05）：93-103.

[38] 石静霞.国际贸易投资规则的再构建及中国的因应 [J].中国社会科学，2015，（09）：128-145+206.

[39] 韩立余.自由贸易协定基本关系论 [J].吉林大学社会科学学报，2015，55（05）：57-68+172-173.

[40] 张晓君.国际经贸规则发展的新趋势与中国的立场 [J].现代法学，2014，36（03）：154-160.

[41] 孙志煜.CAFTA 争端解决机制条约化之路——NAFTA、CAFTA 争端解决机制的比较视角 [J].武汉大学学报（哲学社会科学版），2010，63（03）：422-427.